www.masonica.es

CULTURA MASONICA.es
Revista de Francmasonería
Nº 2 Enero 2010

PUBLICA
masonica.es
www.masonica.es

EDITA
EntreAcacias, S.L.

c/Covadonga, 8

33002 Oviedo - Asturias - España

DIRECCIONES DE CORREO ELECTRÓNICO

Información general: info@masonica.es
Pedidos: pedidos@masonica.es
Administración: admin@masonica.es

IMPRIME
Podiprint
Impreso en España

ILUSTRACIÓN DE PORTADA
© Ronan Loaëc y Fondo del Museo del GODF
en París

ISSN: 2171-1968

ISBN: 978-84-19985-39-2

Depósito Legal: SE-6062-2009

*Al servicio de la
Francmasonería Universal*

EDITOR
Ignacio Méndez-Trelles Díaz

CULTURA MASONICA Nº 2
(ENERO 2010)

COORDINADOR EDITORIAL
Víctor Guerra

COLABORADORES ESPECIALES
Charles Porset
Jean van Win
Ludovic Marcos
Rodrigo Álvarez Reynal
Roger Dachez

COLABORADORES DE MASONICA.ES
Alberto Moreno Moreno
Anselmo Vega Junquera
Iván Herrera Michel
Javier Otaola
Joaquim Villalta
Manuel Rodríguez Castillejos

SUMARIO

Año I / Nº 2 / *Enero 2010*

MASONICA.ES

CUADRO DE COLABORADORES DEL PRESENTE NÚMERO
(por orden alfabético)

Charles PORSET (Francia)
Doctor en Letras e investigador del *Centre d´Etude de XVII y XVIII siécles* (CNRS), Universidad de Paris-Sorbona.
Miembro del Instituto de Estudios e Investigaciones Masónicas (IDERM) Francia.
Autor de varios títulos: *Francmasonería y Religión en la Europa de las Luces* (2006), *Mirabeau. Francmasón* (1996), *Los Filaletos y los conventos de Paris* (1996), *Voltaire Francmasón* (1995).

JAVIER OTAOLA (España)
Licenciado en Derecho, y hoy Defensor Vecinal de Vitoria-Gasteiz.
Ex Gran Maestro de la Gran Logia Simbólica Española y Miembro de la Logia de Estudios Theorema (GLSE-GOEU).
Colaborador en prensa diaria y autor de varios libros sobre masonería y laicismo: *La metáfora masónica. Razón y Sentido* (2000), *La laicidad una estrategia para la libertad* (1999), *En el Umbral de la logia* (2003), *Fragmentos de un discurso masónico* (2009).
Coautor de *La Masonería en persona(s)* (2010).

Jean VAN WIN (Bélgica)
Escritor e historiador masónico con diversas obras publicadas. Especialista en estudios de las sociedades de pensamiento y Rituales masónicos del siglo XVIII.
Musicólogo especializado en Mozart.
Muy Sabio del Soberano Capítulo «Prince de Ligne» en Bruselas en posesión de la Vº Orden y Grado 33 REAA.
Tiene varios libros publicados: *El Renacimiento del Rito Francés. Bruselas masónica falsos misterio y verdaderos símbolos* (2008), *El Marqués de Sade, filósofo, ateo y francmasón, Contra Guenon* (2009).

Joaquim **VILLALTA** (España)
Profesor Superior de Música. Jefe del Departamento de Piano del Conservatorio de Música de Terrassa, Barcelona.
Maestro Masón del Grande Oriente Ibérico y Venerable de la Logia Lux Veritatis de Terrassa (Barcelona).
Miembro del Gran Capítulo General del Rito Francés de España.
Miembro del Equipo de investigaciones masonológicas del Círculo de Estudios del Rito Francés «Roëttiers de Montaleau».

Ludovic **Marcos** (Francia)
Hijo de republicano español y masón operativo durante una parte de su vida.
Agregado a la Universidad y desde 1997 es el Director Conservador del Museo del Gran Oriente de Francia.
Tiene publicados diversos libros: *Historia del rito Francés en el xviii (2001)*, *Historia del Rito Francés en el siglo xix (2002)*.

Rodrigo **ÁLVAREZ REYNAL** (México)
Co-Fundador de la Editorial Cultural Independiente Sangre y Cenizas. México. D.F.
Editor y Diseñador Grafico. Editorial Toukan S.A. de C.V. México. D.F.
Maestro Masón, Primer Vigilante y Representante de la Logia Via Hermeticae Collegia ante el Soberano Santuario de la Masonería Egipcia del Antiguo y Primitivo Rito de Memphis Misraim de México.
Miembro del Equipo del Círculo de Estudios del Rito Francés «Roëttiers de Montaleau».

Roger **Dachez** (Francia)
Doctor en Medicina por la Universidad VIII Denis-Diderot (París), Presidente del Instituto Alfred Fournier.
Miembro que fue de la Gran Logia de Francia y hoy de la Logia Nacional Francesa (LNF) de la que fue su Presidente de Consejo Nacional (1992-1997) y Presidente del Instituto Masónico de Francia. Es director de la Revista de Estudios Masónicos: *Reinaissance Traditionelle*.
Autor de numerosos libros: *Los masones operativos a los francmasones especulativos*, *Los orígenes de la Orden Masónica (2001)*, *Historia de la francmasonería francesa (2003)*, *Los Francmasones de la Leyenda a la historia (2003)*, *Las más bellas páginas del masonería (2003)*, *La Invención de la masonería (2008)*.

Víctor **GUERRA** (España)
Maestro Masón del RF del Gran Oriente de Francia (GODF). Miembro del Centro Estudios de la Historia de la Masonería Española (CEHME) y del Iinstitut d'études et de Recherche Maconnique IDERM del GODF.
Presidente del Círculo de Estudios del Rito Francés Roettiers de Montaleau.
En su haber tiene varias publicaciones sobre temática masónica: *La Masonería en la Comarca de la Sidra siglo xix y xx*; *La masonería ovetense, una sociabilidad en acción*; *El Gran Oriente de Francia en Asturias. Las logias gijonesas 1854-2004*; *La masonería en el Oriente de Asturias*.

Agradecimiento especial

MASONICA.ES agradece la extraordinaria colaboración de todos los autores que han contribuido a elaborar este número 2 de CULTURA MASONICA, con especial mención a Ludovic Marcos, Joaquim Villalta, Jean van Win y Charles Porset, por su valiosísima labor de asesoramiento, y, es especial, al incansable estudioso e investigador Víctor Guerra por su brillante trabajo de coordinación editorial de este número.

BLOGS DESTACADOS

http://www.ritofrances.es/
http://racodelallum.blogspot.com/
http://ritofrances.blogspot.com/

UN PUENTE

SOBRE RITOS DIFERENTES

LA MASONERÍA ESTÁ CURIOSAMENTE UNIDA Y DIVIDI-
DA POR RITOS. Y EN HONOR A LOS RITOS SE HAN DE-
CLARADO DEBATES, PROVECHOSAS CONFRONTACIO-
NES Y, EN ALGUNOS CASOS, ABSURDAS GUERRAS INTE-
LECTUALES CON LAS ARMAS DE LA DESCALIFICACIÓN.

Editorial

Decíamos en el primer nú-
mero de esta humilde re-
vista que nuestro propó-
sito era también la *construcción*,
como en la propia masonería, pero
que, en lugar de catedrales, quería-
mos construir puentes.

Ahora continuamos con esta labor
tratando de levantar un puente de
comunicación entre los diferentes ritos masónicos, una riqueza primigenia que los masones debemos conocer en la mayor extensión posible.

www.masonica.es

Salir por un momento de nuestros propios ritos y conocer los otros
será la máxima de una serie de números temáticos de esta publicación
que tratará los ritos vigentes hoy en todo el mundo masónico.

Empezamos con el Rito Francés, después vendrán otros. Gracias a
todos los que lo habéis hecho posible. ⚜

Templo de Groussier (París)
Imagen por cortesía del Fondo del Museo del GOdF en París

EL RITO FRANCÉS
MITOS Y REALIDAD

LA MASONERÍA CAPITULAR ES TAN ANTIGUA COMO LA MASONERÍA MISMA; SABEMOS QUE ÉSTA NOS VIENE DE INGLATERRA EN LOS AÑOS 1725 Y QUE, DESDE ESA ÉPOCA, EL GRADO DE "MAESTRO" ES CONSIDERADO COMO UN "ALTO GRADO" CONCLUYENDO EL CURSO QUE CONDUCE DEL APRENDIZ AL COMPAÑERO. PERO LA MUERTE DE HIRAM NO PUEDE SER QUEDAR SIN CONSECUENCIA, Y MUY TEMPRANO, EN LOS AÑOS 1750, SE DESARROLLAN ESCALAS DE GRADOS QUE TENDRÁN POR FUNCIÓN VENGAR LA DESAPARICIÓN DEL MAESTRO.

Charles PORSET
Miembro del Instituto de Estudios y de
Investigaciones Masónicas (IDERM) Francia

Habrá que volver hacia la Historia que no solamente hace entender el pasado, sino que domina el presente. La Masonería aparece en Londres en 1717, en el movimiento de la *Royal Society*; ella sólo tiene por objeto reunir, en una Inglaterra llamada Reino Unido después de la anexión de Escocia, a los hombres *"libres y de buenas costumbres"* que, sin que importen sus confesiones particulares, tienden a trabajar por el bien común. De golpe todo lo que divide es suprimido de la Asociación, la política, la religión y la mujer. Esos factores de discordia son puestos entre paréntesis; lo que importa es el comercio, el *commercium*. Hay que hacer notar, aparte, que las Constituciones llamadas de Anderson no asignan ninguna meta a la Institución y que, en el espíritu de su tiempo, ellas se conforman solamente con separar de la Asociación "al ateo estúpido y al libertino irreligioso".

Sin querer volver sobre esta fórmula cien veces comentada, haré observar que nos encontramos inmersos en el régimen de la civilización cristiana y que, a pesar de la separación protestante, Europa está dominada por el *Romanismo* católico. El ateo es estúpido porque él no comprende que su interés es fingir la creencia, y el libertino, perdido en su particularismo, olvida lo que reúne - *¡quodreligat!*

Desembarcando en Francia, *vía* Dunkerque o Burdeos, la situación no es la misma, y *la hija natural del protestantismo* como decía Lantoine, tendrá que acomodarse al régimen de pensamiento impuesto por Luis XVI. La revocación del Edicto de Nantes está todavía en vigor. La masonería se hace católica, pero sin estados de alma. Cien testimonios confirman que ella fue ortodoxa en materia de política y de religión y que no pretendió jamás comandar en el *Te Deum* o manifestar su pertenencia al poder. Era la única condición que se le exigió para existir.

LAS LOGIAS CONVIVENCIALES

Para tener una idea del paisaje masónico en los años precedentes a la Revolución, citaré dos testimonios que permiten corregir la vista retrospectiva que algunos se hacen para definir la misión fijada por el Gran Oriente, en los momentos de su constitución, es decir, en los años 1772-1773. El primero es el testimonio de María Antonieta que responde a las inquietudes de su hermana concerniente a la Orden masónica en Austria.

"Yo creo que te inquietas mucho sobre la Francmasonería en lo que concierne a Francia; Ella está lejos de tener aquí la importancia que puede tener en otras partes de Europa, por la razón de que todo el mundo lo es; sabemos así todo lo que pasa; ¿Dónde está el peligro? Tendríamos razón de alarmarnos si fuese una sociedad secreta y política; el arte del gobernar es al contrario dejarla expresarse y ver que no es más de lo que es en realidad, una sociedad benéfica y de placer; donde se come mucho, se habla y se canta, lo que le permite al Rey decir que donde la gente canta no se conspira; no es sin duda una sociedad de ateos declarados , porque, tal como me dijeron: Dios está en todas las bocas; se practica mucho la caridad, se cuidan los niños de los miembros pobres o fallecidos; se casan sus hijos; no hay nada de mal en eso. Días pasados, la princesa de Lamballe fue nombrada Gran Maestra en una Logia; ella me contó todas las bellas cosas que le dijeron, pero se vaciaron tantos más vasos como se cantaron coplas".

El segundo testimonio es el del marqués de Chefdebien —*Eaques a capite galeato* en la masonería reformada— que en un texto desconocido titulado: *Disquisiciones masónicas* presenta la Logia como un lugar de convivencia, ajeno "a todas esas masonerías complicadas y científicas". Él se refiere a los múltiples regímenes que se desarrollan exponencialmente en los años 1760. El banquete *copioso y alegre*, precisa, es el verdadero desenlace de todos los preludios en donde habíamos recibido parientes y amigos, y *se permite a título de prueba algunas travesuras inocentes*. Finalmente este *desenlace a la vez picante y honesto* se concluye por algunos *actos de beneficencia y liberalidades* que los Hermanos no se privan de ejercer en *calidad de masones* y como *hombres sensibles y bien criados*.

Estos dos textos, que son testimoniales, presentan la logia como un lugar de sociabilidad y a la masonería como una institución de beneficencia y lo que llamaremos luego *la iniciación*, es descrita como una *travesura inocente*. Estos testimonios que podrían completar otros como los del marqués de Luchet y los del varón de Tschboudy, atestiguan que la masonería de la Ilustración -aquella de la que somos, para bien o para mal, los herederos- está más ligada a los valores que son extensivos a la Humanidad, los de beneficencia y de urbanidad, que a los valores filosóficos o religiosos y mucho menos esotéricos, incluso si es verdad que muy pronto, - tenemos el ejemplo con el Capítulo de Clermont -, una masonería paralela se va a desarrollar dándose por misión el completar los grados simbólicos tal como fueron descritos por primera vez en *la Masonería diseccionada* de Samuel Prichard.

CONDE DE CLERMONT

Esta alta masonería es incontestablemente de origen francés; no se encuentran trazas de ella en Inglaterra y las referencias a Escocia son todas ellas posteriores. Agregaremos que ella no concierne más que a un número extremadamente reducido de masones y si creemos a Daniel Ligou, la masonería Templaria o Reformada no aglutina en Francia sino a unos doscientos Hermanos. ¿A qué necesidad respondería ella? Un intento de respuesta fue dada por el conde de Clermont que era el Gran Maestro de la Orden hasta 1771; He aquí lo escrito por una gaceta del 15 de marzo de 1774:

"Dicen que el conde de Clermont está muy enojado por no poseer mandato (...) Así tendría tiempo de hacer fortalecer la Orden de los francmasones de la cual él es el Gran Maestro. Él ha proyectado nuevas constituciones tanto para los hermanos como para los maestros de logias. Él debe alejar a todo el que no es un gentil hombre o un buen burgués. Se ha dicho que sobre este punto la policía ha detenido a varios que exigían dinero a los recipiendarios. Todo se hará en lo sucesivo con nobleza y dignidad".

Conde de Clermont

Además de hacernos saber que es el conde de Clermont quien llamó a la policía, este testimonio nos enseña que, en los años 1740, sin ser por lo tanto popular, la masonería se desarrollaba en el tercer orden de la sociedad, lo que tiene por efecto contrastar el prejuicio nobiliario del conde de Clermont. Añadamos que el Capítulo de Clermont es indudablemente la primera estructura de los Altos Grados masónicos, lo que nos lleva a pensar que lo que devendría la matriz del Escocismo obedece a una lógica de clase que pretende separar *al pueblo* del Arte Real. Esta hipótesis que apuntala la correspondencia del Gran Maestro publicada por Clément o por el Abate Pérau que evoca la masonería de "faubourgs" es el indicativo de una fractura que retumbará desde esa época y por largo tiempo en la masonería. Pero la empresa será vana y en ese panorama, veremos pronto desarrollarse una masonería capitular inscrita en el hilo de los tres grados simbólicos y, en particular, el de Maestro.

Las fundaciones

Cuando el Gran Oriente se constituye sobre los escombros de la Gran Logia, su primer gesto es de asegurarse de la regularidad de las logias de su correspondencia, verificando sus patentes; tan sólo algunos Maestros de Logia expulsados, rechazaron plegarse a la regla impuesta por el Gran Oriente y se constituyeron en el Gran Oriente de Clermont que perdurará hasta 1779, fecha en la cual se operará una reunificación de la masonería francesa; la segunda preocupación del Gran Oriente será la homogenización de los Altos Grados que estaban peligrosamente multiplicados. La tarea no era fácil, pues aparte del hecho de que todos los sistemas se fundaban sobre patentes imaginarias o apócrifas, ellos estaban en manos de Potencias autónomas que sin duda no se entregarían en cuerpo y alma al Gran Oriente, sin contrapartida, ya que se trataba de verdaderos fondos comerciales. El Gran Oriente pone en marcha en 1773 una Comisión de Grados en la que figuraban Bacon de la Chevaliere, el conde de Stroganoff y el baron de Toussainet, pero la Comisión se revela rápidamente ineficaz. Por otra parte, la viejas estructuras capitulares de la Gran Logia, aún cuando ellas estaban en total decadencia, rechazaban comunicar sus cuadernos de grados; será necesario esperar hasta 1780, luego de la constitución de un *Soberano Consejo Sublime Logia Madre Escocesa del Gran Globo Francés*, *Soberana Gran Logia de Francia*, por queLabady propone al Gran Oriente, *vía* los *Filaleteos*, una transacción reuniendo el Soberano Consejo y aquel de los Echarpes Blanches de la Logia des AmisRéunis que animaba Savalette de Langes. Finalmente, y yo abrevio, como la oferta no tiene buen resultado, Labady entrega los archivos y la estructura capitular de la antigua Gran Logia que renace de sus cenizas en la forma del *Gran Capítulo General de Francia*, en 1786.

Unificación

Un gran paso acaba de darse, pero otra cosa fueron con los Directorios Escoceses. Desde 1773, Bacon de la Chevaliere se mostraba favorable a la integración en el seno del Gran Oriente, pero éste, del cual él era miembro, no parecía para nada apurado de fundirse en la nueva estructura y le costó esperar hasta 1776 para que un Tratado de Unión fuera firmado y reconociera su especificidad. Existía por último un tercer grupo, el de la *Madre Logia escocesa de Francia* que lleva el título distintivo de *Contrato Social* con el cual el acuerdo fue más difícil pero que se realizó finalmente en 1781 obligándola a abandonar su título de Madre Logia, pero autorizándola a crear Talleres superiores.

Esta política de reconocimiento debía permitir al Gran Oriente controlar todas las masonerías paralelas que amenazaban su autoridad. Procedía de la misma manera con los grupos menos importantes, como aquel creado por la familia Chef-debien, llamada *Rito primitivo de Narbona*, *la Vieillebru* de Toulouse y *l'Anglaise* de Burdeos. Será lo mismo con el *Grand Chapitre de Rose Croix* del Dr. Gerbier, y más tarde con *Heredom de Kilwinning* de Mathéus. En 1786 es el *Gran Capítulo General* quien en acuerdo con el Gran Oriente confiere los grados superiores donde se propone una síntesis en cinco Órdenes, lo que le permite controlar los grados simbólicos, que son su vocación, y *vía* el *Gran Capitulo General,* el de *Elegido*, el de *Escocés Caballero de Oriente* y el de *Caballero Rosa Cruz*.

El Gran Capítulo General es históricamente el heredero de diferentes tradiciones capitulares donde la Gran Logia, a través de sus diferentes Consejos (*Príncipes de Oriente, Emperadores de Occidente*) había sido el propulsor, el ofrece en 1786 la síntesis de la masonería *escocesa* - entiéndase esta palabra sin ningún significado geográfico-, capitular. El Rito Escocés Antiguo y Aceptado es más tardío; él procede de un rito de perfección de veinticinco grados de origen Bordelés, que después de haber transitado por Charleston y Santo Domingo, es traído en su forma actual desarrollado en 33 grados por De Grasse Tilly en 1810.

Este rito pretendidamente *antiguo* tenía la ventaja, en la atmósfera contrarevolucionaria que reinará en Europa justo hasta 1848, de ser francamente deista y ofrecer un compromiso aceptable entre el liberalismo filosófico hijo de la Ilustración y la nostalgia romántica de viejos dogmas. La multiplicación de los Altos Grados no es sin relación con la sed de distinción, que la sobriedad de las cuatro Órdenes del Rito Francés no estaba en condiciones de satisfacer. ⚜

SOBRE LOS

ÓRDENES DE SABIDURÍA Y ALTOS GRADOS

TODOS LOS CONOCIMIENTOS MASÓNICOS, Y LA APLICACIÓN QUE DE

ELLOS SE PUEDE HACER, ESTÁN CONTENIDOS EN LOS TRES PRIMEROS

GRADOS, LLAMADOS GRADOS SIMBÓLICOS, SIN EMBARGO, FUE NE-

CESARIO, PARA FACILITAR EL TRABAJO DE LOS QUE ASPIRAN AL DES-

CUBRIMIENTO DE LA VERDAD, ESTABLECER CLASES (ÓRDENES) EN

LAS CUALES SE DESARROLLAN UN POCO MÁS LOS EMBLEMAS OFRECI-

DOS EN LOS TRES PRIMEROS GRADOS, SIN EM-

BARGO, DEJANDO UN CIERTO MISTERIO.

Joaquim VILLALTA,
M∴ M∴ del Grande Oriente Ibérico
Miembro del *Gran Capítulo General del Rito Francés de España*
Miembro del *Círculo de Estudios del Rito Francés «Roëttiers de Montaleau»*

Leyendo este corto extracto de un ritual manuscrito del **Cuarto Orden del Rito Francés**, fechado alrededor de **1784**, parece quedar claro qué puede presuponer le práctica e incluso la existencia de los denominados Altos Grados dentro de la Masonería, sea de la filiación ritual que sea.

Su existencia por sí mismo, sustentada en bases apócrifas según algunos Ilustres Hermanos, historiadores y masonólogos, deben obedecer a cuestiones varias, más que a desarrollos consecuentes de la que denominamos masonería azul, que de hecho, sería la única legítimamente digna de llevar este apelativo y por tanto, el alfa y omega del Objetivo que la Orden pretende para el individuo y su interacción con el resto de la humanidad.

Apuntaba un hermano, con buen criterio, en uno de sus trabajos:

Actualmente varias razones explican su utilidad: la necesidad de profundizar, de precisar y de complementar el trabajo cumplido en los talleres simbólicos, a continuación el deseo de ampliar el cuadro de los trabajos y de la fraternidad en una transversalidad inter logias. En efecto, se puede observar que el funcionamiento de las logias simbólicas no permite responder a la satisfacción de estas necesidades: el peso de los trabajos administrativos, las necesidades de trabajos simbólicos e iniciáticos hacen que el tiempo falte para profundizar los problemas estudiados. Además, la práctica demuestra que no es posible hacer funcionar de manera perenne y exacta los trabajos conjuntos entre logias en el grado de Maestro, sin una estructura ritual y simbólica fuerte y motivante.

Aunque tampoco es menos cierto el sentir de algunos otros, cuando advierten del peligro perverso que entraña su inadecuada **"asimilación"** y **vivenciación** en cuanto al efecto de "retrogradación iniciática" padecido y plasmado en sentimientos jerárquicos, aristocráticos y tendentes a ampliar más una vulnerada divisa de igualdad, generando vanidades y otras **"vitaminas"** reforzadoras del equipo de "malos compañeros" que ocultan e inutilizan esa supuesta resurrección magisterial.

Actualmente, la práctica y difusión del Rito Francés ha puesto, innecesariamente, nerviosos a algunos que incomprensiblemente han querido ver una campaña de guerra ritualística.

Aquí no se trata de ver quién es el más guapo. Tan sólo pretendemos devolver un sentido y aportar modestamente lo que se pueda para acercarnos a la verdadera historia de un Rito vilipendiado en el pasado por razones no masónicas, más próximas a la política y mercadeos profanos que a otra cosa. Sobre el tema, veremos cómo se "respiraba" a principios del XIX sobre textos de la época, un buen test del sentir de las bases que en ocasiones, han debido ceder ante estructuras muy **"aristocráticas"**, al menos en cuanto a la existencia de estos "Altos Grados" y a la magnitud de su influencia.

Soy del parecer que, dada su actual práctica, versemos hacia un aprovechamiento constructivo e inteligente de esa lectura de ampliación-continuación del magisterio, sin darle más importancia que ser lo que es, y que no se le suba a nadie a la cabeza deviniendo **levitadores misteriosos o gurús detentores de secretos inaccesibles** al resto de simples mortales.

Se comentaba en algún espacio de opinión, un **"sospechoso"** parecido entre los **Órdenes del Rito Francés** y los **Altos Grados del REAA**. La verdad es que es un detalle que muestra el poco conocimiento histórico-masónico profundo y sólido, debido en parte al limitado material serio en lengua española dedicado a tal efecto del que puedan nutrirse lectores de buena fe, que luego se ven sorprendidos por comentarios confusos, falsos, erróneos, infundados o malintencionados en otros lares.

Las similitudes rituales que mencionaba **no deben para nada sorprendernos**, porque para empezar, la masonería continental del XVIII fue "Modern", incluso para aquellos grados denominados **"Escoceses"**, término referido a los grados superiores o Altos grados donde la Escocia geográfica para nada tiene que ver.

Los masones denominados "Escoceses" eran aquellos que habían recibido iniciaciones más allá de las prodigadas en logias azules, Altos Grados que florecieron y proliferaron entre 1740 y 1800 aproximadamente.

Estos parecidos son lógicos:

La reunión de siete Capítulos Rosa-Cruz y la redacción de sus estatutos y reglamentos, van a crear en 1784 un cuerpo federativo de Capítulos, el **Grand Chapitre Général de France** (en ese momento independiente, pero próximo al Gran Oriente de Francia —véase el papel de **Roëttiers de Montaleau**—) que pretende poner en orden estos "Altos Grados" **por grupos**, codificando cuatro grandes familias de grados bajo el nombre de Órdenes, más un Quinto detentor de los conocimientos provenientes de otros sistemas y que actúa como Academia así como grupo de coordinación administrativa.

Roëttiers de Montaleau

De todo el "cacao" de grados existentes, quedan reagrupados finalmente así (con sus posteriores y distintas variantes denominativas):

I Elegido o Elegido Secreto

Comprende todos los grados intermediarios de la Maestría al Elegido, siendo el grado de entrada a este Orden el de Elegido.

II Gran Elegido o Gran Elegido Escocés

El Segundo Orden comprende todos los grados de Escocés. El grado de entrada a este Orden es el del Gran Elegido.

III Caballero Masón o Caballero de Oriente

Comprende todos los grados de Caballería, y el grado de entrada a este Orden es el del Caballero Masón.

IV Soberano Príncipe Rosa-Cruz, Caballero del Águila y del Pelícano o Perfecto Masón Libre (Clave de bóveda del sistema)

Comprende los grados de Perfectos Masones. El grado de entrada a este Orden es el de Soberano Príncipe Rosa-Cruz, como previo al grado de Perfecto Masón libre de Heredom de Kilwinning, Gran Comendador del Templo que es su finalización.

V Ilustre y Perfecto Maestro

El Quinto Orden comprendía, según el texto de 1784 redactado por Roëttiers de Montaleau de los antiguos reglamentos fundadores del Gran Capítulo General de Francia: "todos los grados físicos y metafísicos y todos sistemas, particularmente los adoptados por las asociaciones masónicas vigentes". Este Orden es por otro lado el conservatorio de una serie de 81 grados fijada por el Gran Capítulo en 1807 y descritos en la nomenclatura denominada de los "manuscritos contenidos en el arca del Quinto Orden".

Estas son las soluciones de normalización y versiones rituales retenidas, adoptadas, y llevadas a cabo a partir de 1784, impresas en 1801 bajo el título de *Régulateur des Chevaliers Maçons*.

Para los amantes de las correspondencias, la más comúnmente seguida con respecto al REAA es la siguiente:

RFM	REAA
I	9
II	14
III	18
IV	30
V	33

Los mencionados **Altos Grados** que detentaban los masones denominados **"Escoceses"** tenían (y tienen incluso hoy para algunos) por especificidad vincularse a los orígenes caballerescos de la francmasonería directamente salida de las Cruzadas y de la Caballería del Temple. Este fenómeno franco-alemán viene tras la afirmación del **Caballero Ramsay en 1736** en el célebre discurso que pronunció en la Logia Le Louis d'Argent: tras la disolución de la Orden del Temple por Clemente V y Felipe "le Bel" en 1312, algunos Templarios habrían hallado refugio en Escocia, en Hérédom, de ahí el origen del término "Escocés" en los Ritos Masónicos y de Escocismo, al movimiento de estos altos grados.

Este *discurso de Ramsay* inspirado en la **masonería burguesa por su deseo envidioso de apropiarse de atributos nobiliarios ardientemente ansiados**, no puede avalar la reivindicación de un origen histórico, que jamás ha existido, ni por consiguiente el de una herencia cultural legítima al respecto, sino tan solo **una simple referencia que se nos aparece en 1710** sobre las relaciones con "patrones" (comanditarios o protectores) que unían antaño a los masones operativos con la nobleza. Este hecho que aparece en el *Dumfries nº 4*, en el mismo contexto y en la misma época en el que lo hace el tema templario en referencia al Templo de Salomón, y que Anderson se empeña en querer integrar como elemento histórico ajeno al oficio, desemboca en la tesis ramsayana que transforma de manera totalmente irreconocible la forma en la que el Dumfries nº 4 contemplaba en 1710 la relación de la masonería con los temas caballerescos y templarios.

Fueron desarrollándose numerosísimos grados que iban más allá del de Maestro, siendo los más conocidos los Rosa-Cruz, Maestro Elegido de los nueve (Elegido de Pérignan), Gran Elegido, Caballero de Oriente y de Occidente, Caballero Kadosch, Caballero Bienhechor de la Ciudad santa....

Se crearon muchas Órdenes para administrarlas, oponiéndose en ocasiones unas a otras (el Consejo de Emperadores de Oriente y de Occidente se opuso durante mucho tiempo al Grado de Caballero Kadosch, declarándolo como "falso, fanático y detestable").

Los masones Escoceses se presentaban en las logias azules revestidos de las decoraciones de sus más altos grados. Con estos títulos reclamaban y reivindicaban honores y privilegios particulares. Estas reivindicaciones acarrearon un rechazo al escocismo que no veían en virtud de qué los masones Escoceses deberían poder recibir estos honores y privilegios.

Este **rechazo al Escocismo** fue una de las numerosas causas que dieron origen al Gran Oriente de Francia por los partidarios franceses del Rito Moderno Todo ello llevó **desde 1773 a la estructuración del Rito Francés Moderno en 1783** y a la **organización del Gran Capítulo General de 1784** cuya finalidad arriba citamos y su **integración en el seno del Gran Oriente como tal en 1786**.

Hubo que **esperar a 1801 para que el Rito Escocés Antiguo y Aceptado fuera definitivamente estructurado en 33 grados**, tomando como base las Grandes Constituciones de 1786 firmadas por Federico II de Prusia, documento del que nadie ha podido probar ni demostrar a día de hoy su autenticidad y del cual existen varias versiones.

Podemos suponer que **la abundancia de los ritos y grados escoceses** que coexistían en esta época en el conjunto de los altos grados motivó ciertamente la divisa del REAA: ***Ordo Ab Chao***. Así de simple.

La primera Logia azul denominada del "Rito Escocés Antiguo y Aceptado" fue creada en Francia en 1821 por su Supremo Consejo, siguiendo la estela de las creadas por el Supremo Consejo de las islas francesas de América, lo cual nos plantea la cuestión de qué tipo de material ritual practicaban antes de dicha fecha las logias azules pertenecientes a la jurisdicción del Supremo Consejo de Francia. Entre 1805, fecha de la fusión de la Gran Logia General Escocesa de Francia (creada por Grasse-Tilly para federar las diferentes logias escocesas de Francia, y que duró unos pocos meses) fundada por el Supremo Consejo de Francia con el Gran Oriente de Francia, y 1821, fecha de la creación de la Gran Logia Central, **los talleres azules en los cuales reclutaba el Supremo Consejo de Francia pertenecían en su gran mayoría al Gran Oriente de Francia, el cual practicaba desde 1783-1786 un rito de su concepción salido de la Masonería denominada de los "Modernos": el Rito Francés.**

Aquellas logias Escocesas que tenían la voluntad fijada de practicar una masonería próxima a la de los **"Antiens"** utilizaban diversos rituales que no estaban estandarizados. Una primera tentativa fue hecha en 1805 por el Supremo Consejo de Francia con la creación de la Gran Logia general Escocesa de Francia, un ritual manuscrito muy inspirado en los "Trois Coups Distincts, pero hubo que esperar aún algunos años para que **esas tentativas escocesas de armonización** de rituales fueran emprendidas, probablemente imprimidas durante la Restauración **entre 1814 y 1830, circa 1821** con su *Guide des Maçons Écossais* en lo que concierne a los tres primeros grados.

¿Pero qué sabor de boca había quedado de todo este complejo proceso en las bases?, ¿qué impresión se proyectaba de todas estas proliferaciones iniciáticas, escisiones estructurales, evoluciones con legitimidad dudosa o contestable, incorporaciones múltiples de grados e influencias de los distintos sistemas? ¿Era ese el propósito original de la Orden? ¿Radicaba ahí su esencia? ¿Existían esos secretos reservados a una élite selecta? ¿Eran los mismos? ¿Era preciso?

Para hacernos una idea, realizaremos seguidamente dos pequeñas inmersiones, cual test, en el *Manuel du Franc-maçon* de 1817, obra de **Étienne François Bazot**, secretario general de la *Société Royale des Sciences*, y en el Primer Tomo del *Précis Historique* de 1829, de **Jean Claude Bésuchet de Saunois.** Seguro que no nos dejarán indiferentes

El *Manuel du Franc-maçon* de 1817, de **Étienne François Bazot**, obra de interesantísima referencia para conocer la vivencia y usos de la Orden en nuestro país vecino durante los inicios del XIX desde diversos aspectos, tiene en su estructura una sección de su Segunda Parte dedicada a un vocabulario de palabras y expresiones masónicas. En ésta, donde los define con mayor o menor profundidad, expresa también su sentir y opinión en lo referente al tema que nos ocupa. Así, en la pág. 157, en *Ritos*, **Bazot** se expresa como sigue:

> Hay dos [ritos] universalmente conocidos, el rito francés [rito moderno] y el escocés (antiguo y aceptado); el Gran Oriente de Francia admite el uno y el otro... [prosigue aquí con una enumeración de todos los grados simbólicos y Altos Grados de ambos ritos]. Esta denominación de los grados de los dos ritos bastaría para determinar la opinión, y para fijarla en el caso que fuera indecisa; pero si existiera la mínima duda, el aumento y la falsificación de múltiples grados (*degrés*) o grados (*grades*) escoceses (remarcar la diferencia de ambos conceptos en francés, el primero como referido a fases progresivas, y el segundo relativo a una cualidad adquirida), por los mismos sistemas Escoceses, las declaracio-

nes, las pretensiones, las discusiones de los hermanos que componen el rito antiguo aceptado, hablarían tan inteligiblemente al buen sentido del verdadero Francmasón, que resultaría de la mayor superfluidad demostrar la simplicidad preciosa del primer rito, y la complicación inexplicable del segundo. Feliz aquél que sabe ver bien, y que enemigo de las ilusiones y de las debilidades de un orgullo insensato, se limita a lo que es esencial y bien determinado, y huye con disgusto de todo lo que es vago y de puro exceso.

Tomamos un poco de aire para como buenos masones —al menos lo deseamos—, mostrar nuestro respeto a todos los ritos regularmente practicados, aunque no debemos perder de vista las reflexiones que hacíamos al inicio de este ensayo y que, como tal, toda autoevaluación debe ser tendente a obtener unas lecturas útiles y productivas que no nos hagan perder de vista ni las realidades históricas ni —lo más importante— las esencialmente masónicas, valorando las virtudes metodológicas, pero evitando "levitaciones" en el ego repulsivas.

Si lo anterior ha podido darnos una muestra del sentir de amplios sectores del momento, aún se expresa más contundentemente **Jean Claude Bésuchet de Saunois** en el primer tomo de su *Précis Historique* de 1829. Creo que merece la pena transcribir el contenido completo cuando haciendo su recorrido histórico por el año 1758, expone su punto de vista de forma clara y rotunda en la pág. 37 de este volumen:

Este año vivió el establecimiento en París de un "Consejo de Emperadores de Oriente y de Occidente, Soberanos Príncipes Masones". Los conocimientos masónicos fueron divididos en veinticinco grados (ver 1786).

Aquí se escapan dolorosas reflexiones a pesar nuestro sobre esta triste manía de los grados.

La masonería, en su origen, estaba compuesta como se ha visto (1725 —referida a Francia—) de los grados de Aprendiz, Compañero y Maestro: grados simples, sabios, juiciosos, deduciéndose bien los unos de los otros, sobretodo los dos primeros. Los masones franceses fueron fieles en seguirlos y mantenerlos. Dos Lords, el duque d'Antin, un príncipe de sangre, toda la alta nobleza se contentó con ello. Llevando el "mandil de masón", el venerable "cordón de Maestro", probaron la estima que la modesta institución les inspiró. Como la joven virgen que en absoluto ha corrompido todavía los vicios de la sociedad, la masonería era bella por su simplicidad nativa.

Es de Escocia, o mejor dicho, del Escocés Ramsay (ver la "introducción" y el año 1736), de donde partió el sistema funesto que rompió la unidad de doctrina, y desnaturalizó tan tristemente esta bella simplicidad.

El doctor Ramsay intentó introducir en Inglaterra su creación de nuevos grados, la Gran Logia de Londres los rechazó. Unos débiles, curiosos, especuladores los buscan, se apoderan de ello, e inoculan estas peligrosas innovaciones en Francia como en Inglaterra; hombres crédulos y hombres ávidos por más de un título los acogen y los propagan.

Todo se resiente del lastimoso impulso. Los masones lioneses (1743) crean o arreglan el "sistema templario", inevitable producto del "caballero del Temple" de Ramsay, Stuart instituye (1747) un "Capítulo primordial"; el caballero de Bonneville cree disminuir el mal estableciendo (1754) un "Capítulo de altos grados" para los masones distinguidos. Vino seguidamente en "Consejo de Emperadores de Oriente y de Occidente, Soberanos Príncipes masones" con sus veinticinco grados.

Simples "aprendices, compañeros y maestros" ¿qué sois vosotros al lado de los Emperadores de Oriente, de Occidente, de los Soberanos Príncipes masones?...

¡Romped vuestras herramientas, cesad unos trabajos vulgares, flexionad la rodilla ante los Altos y Poderosos hermanos emperadores de oriente y de occidente!

Escuadra, regla, nivel, el nivel sobre todo convertido en ridículo, puesto que los masones reconocen a unos superiores; desapareced, he aquí unos títulos principescos, cintas de mil colores y cruces de toda especie. Vosotros no sois más que masones de la clase popular, ciudadanos, sabios, magistrados, grandes señores, príncipes de sangre que tan sólo sois "Maestros"; dejad sitio a los Ilustrísimos "Emperadores de Oriente y de Occidente", entre los cuales figuran el maestro de danza Lacorne y el sastre Pirlet...

Esperemos que tras estas dos breves pinceladas, el artículo completo pueda ser, parafraseando a un conocido autor masónico, al menos un humilde "soporte para la meditación".

Los mecanismos que provocaron la progresiva fagocitosis, disolución o llámese como se quiera de los Órdenes del Rito Francés a partir del segundo cuarto del siglo XIX precisamente en su país de nacimiento, es un tema que precisa de un abordaje independiente y profundo. ♣

EL RITO FRANCÉS[1]

(IMPRESIONES Y NOTAS SOBRE EL RITO FRANCÉS DE UN MASÓN DEL RITO ESCOCÉS)

ADVERTENCIA PRELIMINAR:

ANTES DE NADA ES PRECISO QUE HAGA UNAS ADVERTENCIAS AL CONFIADO LECTOR. ESTE ARTÍCULO ESCUE-TAMENTE TITULADO EL RITO FRANCÉS DEBIERA EN REALIDAD TITULARSE "IMPRESIONES Y NOTAS SOBRE EL RITO FRANCÉS DE UN MASÓN DEL RITO ESCOCÉS". CON ESTE SEGUNDO TÍTULO SE RESPONDERÍA MEJOR AL CONTENIDO DE ESTE BREVE TRABAJO, VALGA ESTO COMO ADVERTENCIA Y RECONOCIMIENTO DE QUE MI RE-FLEXIÓN SOBRE EL RITO FRANCÉS ES MERAMENTE DIVULGATIVA YA QUE NO SOY PRACTICANTE DE DICHO RITO Y MI CONOCIMIENTO DEL MISMO ES INDIRECTO Y CIRCUNSTANCIAL, PERO JUZGO AL MISMO TIEMPO QUE EN MASONERÍA TODOS LOS RITOS TIENEN UN SUSTRATO COMÚN Y DEBEMOS ESFORZARNOS POR CONOCER EL ESTILO DE TODOS ELLOS, CUALQUIERA QUE SEA EL QUE CADA UNO DE NOSOTROS PRACTICA. ESTA PLANCHA ES FRUTO DE ESE DESEO DE CONOCER.

Javier OTAOLA
ExGran Maestro de la Gran Logia Simbólica Española
Miembro de la Logia de Estudios Theorema (GLSE-GOEU)

¿QUÉ ES UN RITO?

No podemos hablar del Rito Francés (RF) sin hacer una pequeña reflexión sobre el Rito en general. Un ritual es una serie de acciones, realizadas principalmente por su valor simbólico, cuando lo practica una religión tiene un sentido SACRA-MENTAL, cuando se practica por las tradiciones de una comunidad, tiene un sentido SOCIAL.

Practicado por la masonería tiene un sentido SIMBÓLICO y OPERATI-VO.

[1] Fuentes principales: el artículo de Ludovic Marcos en *Papeles de Masonería II*, publicado por el CIEM con el título «A propósito del Rito Moderno Llamado Rito Francés». Yves Hivert Meseca y Vladimir Biaggi, *Encyclopedie de la Francmaçonnerie*, LIVRE DE POCHE 2000. Éric SAUNIER [dir.], *Encyclopédie de la franc-maçonnerie*, París, Le Livre de Poche, 2000, 982 p. Olivier Zeller. Oswald Wirth, *El ideal iniciático*, 1979.
Gracias a Daniel Beresniak y José Luis Cobos.

Rito viene del sánscrito *rita*: "Orden", que sigue en el latín *ritus*: "uso" o "costumbre".

En psicología el término 'ritual' en ocasiones se refiere a una acción o serie de acciones que una persona realiza en un contexto dado que no tienen otro propósito o razón aparente. El término puede referirse especialmente a comportamientos compulsivos de personas que padecen el trastorno obsesivo-compulsivo.

FUNCIONES DEL RITO[2]: FUNCIÓN INTELECTUAL, FUNCIÓN PROCEDIMENTAL Y FUNCIÓN POÉTICA: REPRESENTACIÓN, METÁFORA Y SINÉCDOQUE

Es importante repetir, como decía Jean Mourgues, que "El trabajo masónico no consiste en la enseñanza de una doctrina, sino en la práctica de un método" escribía Jean Mourgues[3]. La vida como obra, el trabajo como progreso, la talla de la piedra como tarea moral, el ser como habitar, la vida como viaje, la luz y la oscuridad, la fraternidad humana… estamos rodeados de metáforas…

La sinécdoque es un tropo en el cual:

- Una parte de algo es usada para representar el todo;
- El todo es usado por una parte;
- La especie es usada por el género;
- El género es usado por la especie o
- El material de que algo está hecho es usado por la cosa.

La **función intelectual** del Rito en masonería se deriva del carácter dramático e interrogativo de muchos elementos del ritual: cada una de esas representaciones y preguntas es un reto que obliga a cada hermano o hermana a interrogarse íntimamente. En última instancia todas esas interrogantes tienen un contenido existencial: ¿Quién eres? ¿Qué haces? ¿Hacia dónde te diriges? ¿Qué esperas del Mundo y de la vida? ¿Qué deseas para ti y para los demás? ¿Cuáles son tus compromisos vitales? ¿Qué debes a la sociedad en la que vives? ¿Qué es para

---

[2] Jean Cuisenier, *Penser le rituel*, 2006, PUF. Claude Rivière, *Les rites profanes*, PUF, 1995.
[3] Javier Otaola. *Razón y sentido. La Metáfora masónica*.

ti lo más sagrado? ¿Qué crees que la sociedad te debe a ti? ¿Qué construyes? ¿Cómo te construyes?...

Todo esto naturalmente de una manera indirecta y poética a través de las imágenes de las herramientas, de los viajes simbólicos que se proponen en logia, los símbolos que decoran las paredes y columnas del Taller.

La **función procedimental del Rito** es esencial para hacer posible la dinámica de grupo que se representa en logia: en este punto el Rito ordena los espacios y los tiempos, los turnos y el uso de la palabras, las formas y los límites de los discursos...el Ritual consigue que en logia estemos lo suficientemente cerca unos de otros como para sentir el calor de los demás, pero no tan cerca como para herirnos con nuestros ángulos y perfiles.

La **función poética** es la síntesis y resumen de las anteriores porque es la que mediante elementos estéticos, simbólicos, palabras, silencios, imágenes y música suscita, provoca, estimula y refuerza la función intelectual y procedimental y añade además aspectos afectivos y emocionales en armonía con aquellos.

EL RITO FRANCÉS, COMO TODOS LOS RITOS EN MASONERÍA, NO NACE DE UNA OCURRENCIA PERSONAL SINO DE UNA DECANTACIÓN HISTÓRICA Y DE REFORMAS SUCESIVAS. HISTORIA DEL RF: ¿CÓMO SURGE EL DENOMINADO RF?

El primer Rito que recibió la denominación de Francés lo fue en 1785, y fue también llamado moderno porque tomó como base el que venía practicando la Gran Logia de Londres que era llamada en la época de "los Modernos" frente a la Gran Logia de York que era llamada de los Antiguos.

La primera Gran Logia, **The Grand Lodge of England** (GLE), fue fundada el 24 de junio de 1717, a partir de cuatro logias que ya existían en Londres: La Corona, El Ganso y la Parrilla, El Racimo y la jarra de uvas, El Manzano. Esta idea asociativa se extiende rápidamente en torno a esta Gran Logia, sin embargo algunas logias preexistentes consideran que la fórmula londinense es demasiado modernizadora y crean una

Gran Logia rival en la ciudad de York: *The Antients* —17 de julio de 1751—, "Antient Grand Lodge of England". Las dos Grandes Logias se mantuvieron activas hasta su unificación —25 de noviembre de 1813— en la denominada United Grand Lodge of England (UGLE).

El Rito Francés histórico se redacta en 1783 y está vinculado con el Rito de los **Moderns** y así se mantiene con pequeñas modificaciones en Francia, hasta el Convento de 1877 del GOdF en el que el RF sufre las modificaciones profundas que los separan significativamente del REAA. En ese año el GOdF, en plena efervescencia del positivismo filosófico de **Augusto Comte**[4] en la sociedad francesa, acuerda en su Convento suprimir la referencia al GADU —Gran Arquitecto del Universo— que se interpreta en aquel momento histórico como un signo, equivalente y sinónimo de Dios y no como un elemento simbólico susceptible de una hermenéutica abierta (signo≠símbolo), y simplifica drásticamente sus rituales.

En 1886 una comisión de 12 hermanos presidida por el abogado **Louis Amiable**[5] procede a una nueva fijación del RF de acuerdo con los principios positivistas, que es adoptada por el Consejo 15-16 de abril de 1886 suprimiendo las pruebas físicas de la iniciación, los ritos de apertura y clausura de las tenidas y la Cadena de Unión reduciendo al rito a un mero ceremonial. El propio Amiable redacta un codicilo explicativo del nuevo texto en el que se reivindica expresamente del *positivismo comtiano* como referencia intelectual del nuevo rito que ha suprimido todo lo que se consideraba "arcaico" y "supersticioso". Estas reformas del Rito Francés (Amiable) fueron duramente

Oswald Wirth

criticadas por **Oswald Wirth**[6] (autor de referencia de la GLF, la otra Obediencia liberal francesa), que las calificó como "vía sustituida".

El RF-Amiable se mantendrá con pocas modificaciones como rito de referencia del GOdF sin grandes variaciones hasta 1938, en que **Arthur Grousier**[7], uno de los masones que más ha influido en la masonería francesa, y que fue durante nueve mandatos consecutivos GM del

---

[4] *Curso de filosofía positiva. Cours de philosophie positive*, 6 vol., 1842.
[5] Ritofrances.blogspot.com
[6] *La Franc-Maçonnerie rendue intelligible à ses adeptes*, 3 vol., Éd. Dervy.
[7] http://es.wikipedia.org/wiki/Arthur_Groussier

GOdF propuso una nueva versión del RF con la idea de que volviera a sus fuentes originales —1783— y recuperara parte de la *carga simbólica* que había perdido con la versión Amiable, manteniendo al mismo tiempo su perfil racionalista que le era propio. No es hasta 1955 que se concluyen los trabajos de revisión, fijación y redacción de la nueva versión que se conoce como **RF Arthur Groussier** y que recupera totalmente la apertura y cierre clásicos de los trabajos, evoca las ***Constituciones de Anderson***, retoma las pruebas físicas y la fórmulas de recepción del siglo XVIII, y añade nuevos elementos como es un magnífico texto de la Cadena Unión. Esta versión ha ido perfeccionándose a lo largo del tiempo y la versión actual que data de 2002 ha restituido algunos otros elementos históricos como el rigor en el porte de las joyas y la renovación de los altos grados llamados Órdenes de Sabiduría.

Después de la conmoción de la II GM se produce un importante movimiento de reflexión en el seno del GOdF que pretende reforzar los aspectos simbólicos del RF, yendo incluso más allá de la propuesta Groussier para contrarrestar el atractivo que para muchos hermanos iba ganando el REAA. Durante la Gran Maestría de **Francis Viaud** se crea la Logia ***Devoir et Raison*** (1955) con el propósito de "despertar" el Rito Francés en su versión original, a partir del *Regulateur* de 1801 incluyendo algunos aportes del siglo XVIII, y nace así el denominado **RF restablecido**, (a) Moderno, porque se vincula a la rama londinense (Moderns), (b) Francés porque se vincula al Ritual originariamente practicado en Francia, y (c) Reestablecido porque es fruto de un proceso de reconstrucción a partir de estudios simbólicos, filológicos e históricos contemporáneos.

En la actualidad el RF Groussier (1955) es el mayoritario en el GOdF, que es practicado en exclusiva en los Conventos y por el 80 por ciento de sus logias, así como por la GLMU, en 41 de sus 75 logias; desde 1972 se practica en algunas logias de la GLFF, y es el que practican las RRLL Hermes-Amistad (Madrid) y Descartes (Barcelona) en el seno de la Gran Logia Simbólica Española con patente del Gran Oriente de Francia acordada en tiempos del GM[8] del GOdF **Paul Gourdot**[9]. ⸪

---

[8] Paul GOURDOT, Grand Maître (1981-1984) ; 2ème Grand Maître adjoint (1978-1980); Conseiller de l'Ordre (1977- 1980) (1981-1984) (1987-1990); Conseiller de la C∴ S∴ J∴ M∴ (1974-1976).
[9] OrienteeterNºblogspot.com.

CARACTERÍSTICAS DEL RITO FRANCÉS

Las características del Rito Francés podemos identificarlas una por una examinando las páginas 12 a 34 del libro indispensable de Pierre Mollier *Le Régulateur du Maçon 1785/«1801»*, editado en 2004 por A l'Orient, París.

Jean van Win,
V Orden
MS y PM del Soberano Capítulo
«Prince de Ligne» en los VV∴ de Bruselas.
Escritor e historiador

L as más características son las siguientes:

- La Logia de obreros masónicos se encuentra en el Porche del templo, y no en el templo.
- Estando tradicionalmente situada la Logia FUERA DEL templo, vemos allí la bóveda estrellada.
- Las tres grandes luces son: el sol, la luna y el Maestro de la Logia. Jamás hay altar separado, sino "el libro de los estatutos generales de la Orden" está dispuesto sobre la mesa del Venerable, también denominado a veces "altar", "authel" e incluso "throne/Trono".
- La columna de los aprendices es J, la columna de los compañeros es B. Esto muestra una inversión con relación a la descripción de la Biblia (Crónicas y Reyes), inversión inventada luego suprimida por la masonería anglosajona, pero mantenida como

tradición en la masonería francesa (Los Ingleses anularon esta inversión estúpida en 1809; los franceses no se preocuparon de ninguna manera de eso, Imperio obliga...).

- Los tres grandes candelabros constituyen una escuadra que tiene como base Oriente y no Occidente, y representan el sol, la luna y el Maestro de la Logia. La posición inversa, teniendo como base Occidente, es escocesa. Pero con variantes...
- Las pruebas en el momento de los viajes son destinadas a asustar al candidato y a medir su perseverancia. El primer viaje se hace en el jaleo y es todo. El segundo viaje ve la purificación por el agua. El tercer viaje ve la purificación por el fuego. La prueba de la tierra es desconocida. Las purificaciones por el agua y el fuego provienen de las Escrituras, y no tienen ninguna connotación alquímica. Es interesante anotar, no obstante, que en aquella época se introducirán en las masonerías francesa y austro-alemana, purificaciones que, decimos sin pruebas, progresivamente tomarán tintes alquímicos. Mozart por ejemplo fue iniciado en 1784 con un ritual que ignora toda purificación; pero su Flauta Mágica, en 1791, menciona

sin el menor equívoco las purificaciones por "los cuatro elementos de la Antigüedad" (cfr las voces del dúo fugado de los Guardianes del Templo). Precisamente es pues en aquella época que las pruebas tradicionales, puramente físicas y morales, se cambian, en ciertos lugares, en purificaciones de orden sacramental, religiosa o mágica. Qué me sea permitido sentirlo...

Otras especificidades del Rito francés de 1786 son:

- El simulacro de la sangría.
- El cáliz de amargura.

- El juramento prestado en la posición de la escuadra (jamás hay arrodillamiento en el Rito francés, el neófito que está colocado en la posición de la escuadra, es decir cada una de ambas piernas replegado en escuadra, ambos brazos replegados en escuadra, al tener la mano un compás abierto en escuadra. La escuadra fue mucho tiempo el instrumento más importante del ritual masónico).
- El juramento prestado sobre los estatutos de la Orden y la espada, el símbolo del honor, delante del GADLU.
- El don de la Luz (una sólo).
- La consagración solo por el Venerable (ambos vigilantes no tienen autoridad de ninguna manera para consagrar).
- La disposición de los pies en escuadra doble, en el momento de la marcha ritual, que se va del pie derecho.
- La posición de orden poniendo la mano al cuello, de modo que la laringe se encuentre entre el índice y el pulgar, el antebrazo a pegado sobre el pecho; para hacer el signo, elevamos luego el codo y la mano traza el nivel, y bajamos luego la mano por la perpendicular. La posición de Orden en el Rito francés, como en el Rito Escocés Rectificado, contradice la faltada de gracia posición anglosajona de orden, de origen *antienne*, codo levantado (cf Guía de los Masones escoceses ritual antiguo).

El espíritu del Rito francés en cinco puntos.

Punto I

El Rito francés es el ejercicio de la Masonería en el estado químicamente puro. Contiene sólo los símbolos relativos al mito de la Construcción del Templo de Salomón.

El pavimento mosaico es el del Palacio mosaico, destinado a proteger las tablas de la ley recibidas por Moisés sobre el Sinaï. Están conservadas en el templo de Salomón o Palacio de la Ley mosaica, en resumen "Palacio mosaico", de donde el adjetivo "mosaico" —relativo a Moisés— dado al pavimento de este palacio.

El Tablero de Logia debe ser dibujado y luego borrado; la Logia, o barraca de los obreros, no contiene ningún signo permanente sobre las paredes.

Las Tres Grandes Luces son verdaderas luces: sol para el día, la luna para la noche, Maestro para la Logia.

La estrella también es atribuida al VM y debe figurar sobre su collar en el Rito francés.

Los muebles de la Logia (móviles, pues desplazables) son la Biblia, la escuadra y el compás. Este conjunto no tradicional será impuesto a las Logias bajo la dependencia de la Gran Logia Unida de Inglaterra solo que a partir de 1813. Es un uso religioso que proviene de la masonería de los "Antients", que no tiene pues ninguna relación ni con la masonería de los "Moderns" ni con la masonería de espíritu de rito francés.

Las joyas y los ornamentos son explicados en los catecismos y *tuileurs*, y figuran sobre el cuadro sintético de la Logia.

Los Tres Pilares, a veces abusivamente denominados columnas, son Sabiduría, Fuerza y Belleza. La tradición moderna y francesa atribuye la sabiduría a la Venerable, la fuerza al primer Vigilante y la belleza al segundo Vigilante. Otras atribuciones, variadas en los ritos escoceses, son incorrectas y no significantes. Sólo el VM encarna a Salomón en Logia, y Salomón solo simboliza la Justicia y la Sabiduría.

Los vigilantes están colocados en Occidente. En el REAA, son el uno al Sur, el otro al oeste, para guardar las puertas del templo DENTRO del cual trabajan.

Punto II

El Rito francés es esencialmente mítico. Vehicula tres mitos fundamentales:

El mito del paso de las tinieblas a la luz.
El mito de la construcción del templo de Salomón.
El mito hirámico, que no será tratado en esta Logia de Aprendices.

Queda todo esto, lo que hace la especificidad esencial, por tanto espiritual, del Rito francés:

El Rito francés absolutamente ignora, a diferencia de muchos otros ritos masónicos:

El pensamiento religioso
El pensamiento esotérico
El pensamiento místico

El pensamiento mágico
El pensamiento ocultista

¡El Rito francés es masónico y mítico, y nada más!

Está en ruptura con toda metafísica; únicamente se apoya en los símbolos, las alegorías, y la razón.

Veamos esto de modo argumentado. (Tomo las líneas que siguen al gran masón belga que fue el VF Pierre De Laey (RL Marquis de Gages).

El pensamiento religioso: implica una sumisión total a una realidad absoluta. El Rito francés no contiene nada religioso ni de "sagrado", ni oración, ni ningún acto este carácter sagrado.

Pierre De Laey

El pensamiento esotérico: se basa en una revelación transmitida a sólo elegidos. Es una tendencia sectaria que introduce una criba entre los hermanos que separa entre elegidos y condenados. No hay nada esotérico en las constituciones, los reglamentos generales y los reglamentos particulares de las Logias y de las obediencias, porque este pensamiento esotérico va en contra del universalismo de la francmasonería.

El pensamiento místico: busca una inmersión total del individuo en lo que le sobrepasa. La mitología masónica se apoya en la idea de un proyecto de Construcción; se ocupa de *hic et nunc*; pone al Hombre en el centro del universo, y no contiene nada místico ni de divino.

El pensamiento mágico: trata de controlar la realidad por operaciones mentales profundamente irracionales. Se entrega a la teúrgia, a la alquimia, a la magia. Son tantas aberraciones que desaparecieron con el último cuarto del siglo XVIII, salvo en cenáculos muy raros románticos y confidenciales, espiritistas y retrasados.

El pensamiento ocultista: privilegia las supersticiones más peligrosas acreditando la influencia de los "espíritus" sobre los humanos; se manifiesta por ejemplo en Logia en el momento de la extinción de las velas (¡que ningún soplo humano impuro puede apagar!), en el momento de la cadena de unión (¡qué debe hacerse manos sin guantes con el fin de que " el fluido " circule mejor!) y de la prestación de juramento (que se hace manos enguantadas en el Vaticano, que, en esta materia, desprecia toda superstición). El pensamiento ocultista cree pues firmemente en los actos a carácter mágico, y en la circulación de "flui-dos" en las propiedades jamás explicadas desde Mesmer...

El Rito francés jamás confunde lo sagrado, que es del dominio de las iglesias y de las religiones, con lo iniciático, que es del dominio de la última gran sociedad iniciática del mundo occidental, la francmaso-nería de tradición. En Logia, a lo profano se opone lo iniciático, y no lo sagrado. Se trata de una opinión personal. La etimología nos ayuda a comprender: 'pro fano' significa permanecido delante del templo. 'In ire' significa entrar en, comenzar. 'Sacer' significa separado. ⚒

DISERTACIÓN SOBRE EL RITO FRANCÉS

HACE FALTA TOMAR CONCIENCIA DE QUE EL RITO FRANCÉS SE LLAMA

ASÍ SÓLO DESDE HACE MUY POCO TIEMPO. ANTES QUE NADA HAY

QUE DECIR QUE LA EXPRESIÓN "RITO FRANCÉS" APARECE MUY RA-

RAMENTE EN LOS DOCUMENTOS DE LOS ÚLTIMOS VEINTE AÑOS DEL

SIGLO DIECIOCHO, Y LO CIERTO ES QUE EMPIEZA VERDADERAMENTE

A APARECER TAL ALOCUCIÓN A PRINCIPIOS

DEL SIGLO XIX. ¿HABRÁ ENTONCES, QUE

PREGUNTARSE POR QUÉ?

M∴ I∴ H∴ Roger DACHEZ
M∴ M∴ de la Logia Nacional Francesa (LNF)
Presidente del Instituto Masónico de Francia.
Director de la Revista de Estudios Masónicos:
Reinaissance Traditionelle

(Traducción y revisión: Joaquim VILLALTA)

Sencillamente porque hasta esta época, en Francia, no hay más que una sola masonería. Entonces, ¿por qué aparece la necesidad, a finales del XVIII o principios del XIX, de decir que hay Rito Francés?

Sencillamente porque paralelamente, se encuentran otros ritos, por ejemplo el Rito Escocés Rectificado, el Rito Escocés Filosófico, por ejemplo pues tenemos a principios del XIX, el Rito de Misraïm y más tarde el rito de Memphis. Y para distinguirse de los nuevos ritos, y no hablo del Rito escocés Antiguo y Aceptado, que llega muy tardíamente sobre 1804, en Francia, el rito practicado ha tomado su propio nombre: Rito Francés

Esa es la primera noción que debemos tener presente. El Rito Francés, es la tradición indivisa de la masonería francesa de todo el siglo XVIII. Los Hermanos del siglo XVIII no se preocupaban en saber en qué rito se trabaja su Logia. Era la Masonería; y ésta es como se la denomina desde finales del siglo XVIII el Rito Francés. Esta es la primera cosa.

Pero todavía hay que ir más lejos. Veremos en unos instantes cómo se puede definir históricamente esta realidad que resulta de la injerta en tierra francesa de la Masonería de origen inglés. La Masonería especulativa nació en Inglaterra, únicamente en Inglaterra, nada más que en Inglaterra, en ninguna otra parte existió como tal.

¿Pues qué ocurre hacia 1725 cuando la Masonería aparece en Francia? Son los británicos, digo voluntariamente, los británicos porque hay ingleses, escoceses e incluso irlandeses que instalan la masonería en Francia. Su motivación no es el deseo de transmitir la masonería en Francia. Digamos que han sido más bien obligados a huir de Inglaterra por motivos del conflicto dinástico y religioso que aconteció en esas épocas, y ello es lo que hace que la mayoría de ellos Jacobitas o hannoverianos, durante alrededor de una cuarentena de años no paren de ir y venir por lo que llamamos el Canal de la Mancha y que los ingleses denominan el British Channel.

¿Y qué hacen estos masones británicos en París? Pues hacen su masonería. La masonería que conocen, la masonería inglesa. Y por otra parte, hay que decir que los franceses no eran al principio bienvenidos, como nos deja traslucir uno de los primeros Grandes Maestros, el conde de Derwentwater que decía e: "Escuchad, estamos en París, no lo hemos elegido, pero sobre todo, no admitamos nunca a los franceses. Porque si se admite a los franceses en la masonería, eso será el fin de todo".

Finalmente se admitió a los franceses, y eso no fue el fin de todo, pero si se puede decir que fue el comienzo de las contrariedades; pero a pesar de todo se aprecia, cuando se leen los textos de esta época, hasta al menos 1751, una cosa muy simple y que hace falta recordar una vez más: hasta 1751, no existe de forma rigurosa, ninguna diferencia entre el ritual masónico inglés y el ritual masónico francés. Es el mismo.

Cuando se nos dice entonces que existe la tradición masónica inglesa, yo digo, a ejemplo de la expresión de un arzobispo que expresó a finales del siglo XIX: "que Francia era la hija mayor de la iglesia" y Francia es también la hija mayor de la masonería. Es decir que la tradición masónica inicial de la masonería especulativa se ha forjado en los primeros cincuenta años del XVIII a partir de un conjunto de rituales que eran únicos, comunes a Inglaterra y a Francia.

Ahora el problema en Inglaterra, y eso lo convierte en un tema muy interesante, es que en 1751 aparece un acontecimiento fundamental en la historia masónica inglesa; la aparición de una segunda Gran Logia, que se constituye en un serio rival de la primera, y la cual se llamará la Gran Logia de los Antiguos. A lo largo de sesenta años, las dos estarán en un continuo conflicto.

En 1813, estas dos Grandes Logias se fusionarán para dar lugar a la actual Gran Logia denominada, Unida. A causa de esa unión de las dos Grandes Logias de Inglaterra, también se pondrá fin a la batalla ritual y habrá un ritual denominado de la unión. Por razones complejas que no examinaremos en este artículo, cuando se puso en pie el ritual de la unión, fue el ritual de los antiguos que predominó sobre lo esencial, digamos que se impuso sobre muchos de los aspectos de la ritualistica que se articuló como punto de unión. Sobre muchos de los puntos, no sobre todos, que aún pervivían de la tradición masónica inglesa inicial.

A partir de ese momento habrá que preguntarse: ¿Dónde están presentes? No están ya presente en Inglaterra, y solo quedaran patentes en el Rito Francés, el cual se puede considerar como el heredero directo.

Es esto lo que hace falta comprender. Es que la tradición del Rito Francés, es la herencia de la primera masonería especulativa franco-inglesa que ya no existe en Inglaterra y que ha encontrado su filiación y su refugio en el Rito Francés. Es pues una responsabilidad enorme la que tiene el Rito Francés pues a través este rito como se vehiculan las tradiciones más antiguas de la Francmasonería especulativa.

Para perseguir sobre este punto de los orígenes históricos y tradicionales de los Ritos, querría insistir en dos aspectos:

El primero, es que no existe ritual de referencia del Rito Francés en el siglo XVIII. Porque no existe en tal siglo tampoco referencia ritual de ningún rito. En esta época, el ritual masónico no está establecido como nosotros hoy lo entendemos, como un texto dactilografiado que se sigue línea por línea, y donde todo está escrito.

En cambio el ritual del que dispone un Venerable de la época, es corto y no hace falta que sea demasiado largo, porque no hay fotocopiadoras ni máquinas de escribir y aun menos ordenadores, y todo se debe copiar a mano.

La preocupación y la esencialidad es que tiene es que ser lo más corto posible. ¿Entonces qué es lo que tiene delante de sus ojos un Venerable para desarrollar sus trabajos en 1750?

Tenemos varios ejemplos, como son las pequeñas libretas generalmente que se utilizaban, el ritual dice, por ejemplo para abrir la Logia, "en Logia Hermanos". Luego el Venerable hará algunas preguntas y respuestas del catecismo. Entonces se elige de las instrucciones algunas preguntas y respuestas, el Venerable dirá, "Hermanos la logia está abierta". Eso es todo. El Ritual de Apertura de 1745. Se podrían multiplicar los ejemplos.

Al final lo que se ve, es que, a medida que el tiempo pasa, hay una tendencia a escribir cada vez de forma más precisa los textos. A hacerlos cada vez más largos. El primer ritual que se conoce describiendo una iniciación al grado de Aprendiz-Compañero, como era denominado pues hay que decir que se recibía en el mismo movimiento, en la misma tarde, Aprendiz y Compañero al mismo tiempo, es la famosa divulgación del teniente de policía René Hérault, la *Recepción de un Francmasón* de 1737.

Nos entretuvimos un día en cronometrarlo. Y es entonces cuando nos damos cuenta de que la apertura y el cierre de la Logia y la recepción de Aprendiz-Compañero, todo comprendido, y realizado en París en 1737, tiene una duración de alrededor de veinte minutos, es si no se apresura demasiado. Se añade sencillamente que se deja al candidato entregado a sus reflexiones a lo largo de una hora. Si se cuenta esta hora en la ceremonia, pero para mí esto no era una hora, más veinte minutos para abrir, para cerrar y para hacer la ceremonia de Aprendiz-Compañero era corto. Pero hace falta precisar que se llevaban a cabo después los ágapes, los cuales duraban tres o cuatro horas, que son manifiestamente la parte más importante de la ceremonia en esta época.

Creo pues que esto es muy importante recordarlo. El Rito Francés hereda unas tradiciones masónicas, las más antiguas, provenientes de la masonería especulativa franco-inglesa de comienzos del siglo XVIII, y por tanto es un rito que no es fijado verbalmente. Aunque por razones administrativas, se tiende cada vez más a escribirlo.

La única cosa que pueda decirse, es que existe un medio de identificar el Rito Francés. Y el medio de identificar dicho rito es mirar los puntos comunes, con otras prácticas rituales. El núcleo constante de todos los rituales que se conocen antes de 1750, cuando se hace un trabajo de análisis, es como si se pusiéramos varias transparencias unas sobre otras, de tal modo que acaba por ver todo lo que se superpone, y todo lo que se superpone, es la estructura de base.

Pienso que para definir el Rito Francés, vale razonar mejor así, en estructuras simbólicas fundamentales. Y por tanto hay cosas que son absolutamente claras. Pueden enumerarse rápidamente. Hay un Venerable al Oriente, dos Vigilantes al Occidente. Eso es la primera estructura fundamental de la primera Gran Logia de Londres. Tres candelabros dispuestos como están, ciertamente. La otra disposición de los candelabros, la disposición escocesa, no aparece en Francia hasta 1760 o 1770 como mucho, y además tiene otro significado, aunque se dice que en 1751, en la Madre Logia Escocesa de Marsella, eso ya existía. Pero como se no tienen los rituales de origen, no puede afirmarse tal cosa. Finalmente tenemos también el cuadro en el centro de la Logia, y luego, bien entendido, que el orden J y B de las palabras sagradas era ese.

Con estos elementos, se tiene ya la decoración del ritual, y los fundamentos del Rito francés. Luego, para las ceremonias, la cosa empieza a volverse un poco más complicada porque en principio eran muy simples. Les recuerdo la iniciación de Aprendiz-Compañero del teniente de policía René Hérault: "el candidato tiene los ojos vendados, llama tres veces a la puerta de la logia. Se le recibe, se le hace dar tres veces la vuelta a la logia, sin decirle nada, sin darle lección alguna, sin hacerle ninguna pregunta. A lo largo de este tiempo los Hermanos hacen ruido y echan "poix-résine" (jugo resinoso) sobre las candelas para hacer chispas, crepitaciones y asustar al candidato. Luego, viene al Oriente, donde presta su obligación de Aprendiz. Se le hace callar, y de nuevo tres vueltas, y de este modo se convierte en Compañero.

Esta, es la estructura del Rito Francés. Vemos que a partir de aquí, el resto es de alguna manera, una especie de explicitación de un contenido fundamental muy implícito. Hace falta sencillamente que esta explicitación sea conforme a las tradiciones fundadoras del Rito Francés, es decir que se halle en una perspectiva cristiana abierta y ecuménica. No olvidamos que los orígenes son ingleses. Es decir en un país protestante que, desde finales de siglo XVII, ha establecido una paz civil sobre la base de una tolerancia de todas las confesiones cristianas. Por consiguiente es un cristianismo que está abierto y puede decirse que no confesional.

Se refiere a una época de la historia masónica donde la vida masónica no era reglada por los textos administrativos visados por una autoridad central. Eso no existía. Por otra parte, Louis de Clermont, Gran Maestro de 1743 a 1771 no fue llamado nunca Grande Maestro de la Gran Logia de Francia. La Obediencia se llamaba Gran Logia de Francia, Louis de Clermont era llamado Grande Maestro de todas las Logias regulares del reino, lo que no tiene absolutamente el mismo significado. La única cosa que se pedía a la Gran Logia era enviar un diploma para decir: "tenéis el derecho para trabajar". Y de ese modo se desentendían completamente de saber lo que las logias hacían.

Es pues también la imagen de Francia del Antiguo Régimen, una vez más la historia de una institución singular como la masonería, no debe ser separada nunca de la historia general, y ese es un pecado de ciertos historiadores de la masonería considerar que la masonería está como en una burbuja. Está en una vida social, una historia social. En la historia del Antiguo Régimen, ¿Qué significa todo ello? Es la descentralización hasta la atomización, nadie es responsable de nada y todo el mundo es responsable de todo. El poder central no existía casi. Y bien, la masonería se constituye a modo y semejanza a esta imagen. Ciertamente, este modo de hacer está lleno de inconvenientes.

Pero lo que es interesante en el Rito Francés, es que tiene justamente esta dimensión de libertad. Se refiere a un momento de la masonería en el cual por mucho que se cambie una coma del ritual, la bóveda estrellada no se hundirá, pero sí que había una estructura fundamental. Y alrededor de esta estructura fundamental, hay un margen de variación que depende de una tradición local, de una visión en cierto momento de lo que puede ser la masonería. Es justamente en esta posibilidad de variación alrededor de una estructura donde reside a mi juicio la riqueza, el dinamismo, la vida del Rito Francés.

Acabo como al inicio. Es muy importante conservar esta idea porque, no lo olvidemos, somos a través el Rito Francés los últimos poseedores de la más antigua tradición de la masonería especulativa.

CON RESPECTO AL

RITO MODERNO LLAMADO «FRANCÉS»

EL COMPROMISO QUE LOS FRANCMASONES DAN A SU RITUAL NO DEBE NADA AL FETICHISMO, YA QUE NO ES UNA LITURGIA SINO UNA COREOGRAFÍA QUE SE INSCRIBE, EN LO GESTUAL, ALLÁ DONDE SENSIBILIDAD E INTELECTO SE UNEN Y DAN UN SENTIDO. POR TANTO INTENTAR DEFINIR SU NATURALEZA RESULTA DIFÍCIL.

Ludovic MARCOS
M∴ M∴
Director Conservador del
Museo del Gran Oriente de Francia

Se entiende que fundamenta la unidad de la Masonería. Es más complicado definir cómo estructura nuestra identidad por una tensión entre tradición —hecha de los fundamentos comunes a todos los ritos y de la permanencia de cada uno de ellos— y modernidad, su incesante adaptación a su tiempo, a un territorio de expresión, y su resultado en la finalidad sobre la cual abre: el contenido de los trabajos. De "rito" deviene entonces "ritual". Más allá de las afirmaciones perentorias y de cierta fantasía, y sobre todo con mucho desconocimiento, está la aparición y afirmación de este rito, en una versión continental que reencuentra hoy vigor, y que vamos a intentar esclarecer.

EL RITUAL SIGUE SIENDO UN SIMULACRO DE OFICIO

A falta de saber verdaderamente porqué la francmasonería ha nacido, intentemos saber cómo se han afirmado nuestros usos en este período que ve emerger una sociabilidad de un nuevo tipo utilizando características prestadas de la Albañilería de la piedra.

Esta última se vivió durante siglos como una aristocracia de oficio. Por razones prácticas y culturales, transporta entonces un conjunto de normas cuya protección y transmisión tienen una gran importancia. Los elementos conocidos ponen de manifiesto que muchos de nuestros signos y gestos son resultantes: la importancia totémica de la "Palabra del Masón", que fue un verdadero pasaporte, la subida hacia el Oriente por el Paso, que se puede asimilar al mimetismo de un paso de seguridad sobre los andamios, la reproducción

Imagen por cortesía del Fondo del Museo del GOdF en París

estereofónica de los sonidos del tallado de piedra, que conservamos en forma de Batería, la puesta al Orden, que perpetúa viejos gestos de saludo jerárquico (siendo el saludo militar otra supervivencia). No podrían hacer olvidar el tinte, que se termina por ya no ver: trabajamos en un lugar "cerrado y cubierto" llevando mandiles, intercambiando fórmulas de reconocimiento de este fondo común. Usamos las representaciones de herramientas, figuras y signos. Recibimos a nuevos miembros según una serie de secuencias comparables a las recepciones corporativas de antaño. Aumentamos ficticiamente el salario de nuestros obreros y tenemos una caja de ayuda. Somos una Fraternidad. Porque estos operativos se llamaban "Hermanos" entre ellos y porque mutualizaban cosas de su vida. Se sabe hoy que no hay continuidad orgánica con las logias operativas, pero el ritual de la francmasonería moderna siguió siendo un simulacro de oficio. Es un dato esencial. La utilización de la "concha" operativa por los "ermitaños" especulativos les dio una legitimidad por la antigüedad, la seguridad del secreto profesional y un saber estar, ya presente en la transmisión tradicional del saber hacer.

LA APARICIÓN DE UN PROTO-RITUAL MASÓNICO

¿Cómo, en estas condiciones, apareció el núcleo masónico costumbrista? Esta segunda etapa de la formación ritual comporta más preguntas que respuestas. Es en el mestizaje del fondo anteriormente mencionado con reflexiones relativas al templo de Salomón que es necesario orientarse. Estas especulaciones proporcionaron materiales del mundo corporativo. ¿Este último los poseía de sí mismo, se le aportó? En cualquier caso, el templo de Salomón surge en esos tiempos perturbados de la historia británica como una referencia de carácter universal, pacificando; y puesto que se supone que es portador de una intención, suscita un descifrado de su arquitectura, sus componentes y sus proporciones en la segunda mitad del siglo XVII. Explica el cuidado descriptivo de los bosquejos de Samuel Lee de 1659, con la corte pavimentada "en mosaico" (es decir, pavimentado en damero), columnas con granadas sobrepuestas, o las explicaciones de John Bunyam de 1688 colocando las columnas J al Norte y B al Sur.

El cruce de las dos culturas consigue la aparición en las Instrucciones de la Masonería operativa de fórmulas "Salomonianas" tomadas de estas fuentes. El Templo se convierte en la sede de la "justa logia" (sin duda una idea de logia primitiva). Es en esta época que la figura tutelar de un constructor hasta entonces apenas mencionado, Hiram, adquiere más importancia. La encontraremos más tarde en un contexto claramente dramatizado. Esta maduración culmina en una imagen arquetípica que integra el Templo, en perspectiva orientada, en una obra situada entre dos columnas y el edificio, intermediario entre lo profano y lo sagrado, en la que se incluyen algunas herramientas y signos del Oficio. Estos Cuadros (o Tapiz) se integran en una cosmogonía, con astros. Van a desempeñar un papel decisivo en la estructuración del rito en torno a la representación de los orígenes, puesto que muestran la logia madre. La conjunción de las contribuciones operativas y especulativas da normas escénicas que sirven de apoyo a la organización del espacio de la logia y a su puesta en movimiento. La conservación de secuencias gestuales y formularios previos da un ritmo, un tono ceremonial. Así pues, el retejo ficticio en torno a la hora, la edad y problemas de cobertura, las modalidades de recepción por "pruebas", la ritualización de las situaciones festivas van a proporcionar las bases —repetitivas— de una idea de permanencia cíclica, de reconocimiento compartido. En algunos años, a base de innovaciones y tanteos, el carácter conmemorativo y edificante de la "tenida" (alrededor del

Cuadro de logia) se impone. Se completa y releva por una reflexión y una utilización didáctica, ancestros de nuestro trabajo simbólico. El proceso de 1717-23 que ve las primeras logias especulativas federarse en Londres, desde este punto de vista, no es el despegue de una nueva fórmula, sino el término de un proceso hecho mediante diversos recorridos, y la apropiación inglesa de un fenómeno geográfico amplio, muy vivaz en Escocia.

LA ELABORACIÓN DE LOS RITUALES MASÓNICOS

Estamos a principios del siglo XVIII. Un ritual, con sus alternativas se afirma en torno a características y a un método de recepción comunes: Paso del pie derecho, posición de las Columnas, Batería en *dos golpes breves y un lento*, Palabra del Masón en dos grados —J/B y M/B— en pregunta/respuesta al origen (?), signos de reconocimiento *gutural y pectoral* y, finalmente, transmisión de *cinco puntos* al Compañero hecho para certificar su posesión del Oficio. Un desdoblamiento del puesto de Vigilante parece también haberse hecho. En cualquier caso, en 1727 la atribución simbólica de la perpendicular, el nivel y la escuadra a los dos Vigilantes y al Maestro de Logia se ha fijado.

Hacia la mitad del siglo XVIII, las tenidas son más largas, el personal más numeroso, los locales permanentes. La iconografía del Tapiz se proyecta en el local, donde ya se encuentran piedras, objetos mobiliarios o rituales (las *Joyas*). Se llega a una proyección de las *decoraciones* en tres dimensiones en el Taller. Éstas se encuentran sobre los mandiles, que llevan también este nombre, y que son en cierto modo Tapices en reducción. El Oriente, después de haber sido una fachada, se eleva con algunos escalones, y se convierte en una realidad volumétrica.

Una dinámica está en marcha. Va a alimentarse, para el tema que nos concierne, de adaptaciones y evoluciones sobre el continente del núcleo ritual inicial, de la necesidad de las logias en encontrar respuestas prácticas (creación de nuevos oficios) y, a una escala más amplia, de solucionar numerosos problemas de regularidad y administración. Va también a modificarse, a partir del final de los años 1730, con la importancia mayor que adquiere entonces un mito organizado en torno a la muerte del Maestro arquitecto y con la aparición del grado de Maestro, el primero de una serie de nuevo tipo. Va también a beneficiarse de las contribuciones de culturas marginales revivificadas por el

Renacimiento: el hermetismo, la Cábala, el interés por Egipto, el druidismo, etc.

Imagen por cortesía del Fondo del Museo del GOdF en París

La aclimatación sobre el continente europeo de los usos rituales masónicos se hace a partir de los años 1725-30. Sigue siendo fiel a los fundamentos de salida, pero adapta elementos o situaciones difícilmente comprensibles, por ejemplo la *houppe dentelée* (*indented tessel*) que explica la aparición sobre el Cuadro de una cuerda con nudos emblemáticos (hoy *lazos de amor).* Eso explica también la aparición en la cultura masónica continental de las piedras bruta y tallada, que aflorarán en toda Europa mientras que son sin informe con la realidad de origen (un canto pelado y una piedra para afilar las herramientas). Tengamos en cuenta que las Luminarias van a tener un lugar aleatorio antes de colocarse tardíamente en el siglo XIX, al contrario de su posición inicial (al norte y al sur para el sol y la luna). Del mismo modo, los entrecruzamientos de la escuadra y el compás no suponen entonces — ni tampoco desde mucho tiempo antes— ningún grado particular. Finalmente, el número y el papel de los oficios (siete se dicen "principales") y las posiciones de los tres candelabros que encuadran e iluminan el Cuadro (NE SE y SO) se precisan en la misma época, mucho antes de la mitad del siglo.

Este importante proceso de afirmación de una alternativa continental está caracterizado por las adiciones de elementos caballerescos — con la introducción de la espada, la evolución del gabinete de preparación en gabinete de reflexión y la consagración— y la irrupción de múltiples signos de sociabilidad latina, en relación por ejemplo a la integración o a la presencia de mujeres (certificada en todo el sur de Europa), la evolución hacia formas de democracia asociativa que servirán a menudo de modelos políticos, o a la fuerte influencia de un deísmo anticlerical en las regiones católicas.

El otro factor evolutivo procede de la llegada, compleja, mucho tiempo combatida por los británicos, del mito de Hiram. Va a dar un sentido histórico a la institución que, con este motivo, consigue del asesinato del padre (operativo) llegar a hacer de la reparación un factor de renovación y edificación moral. ¡Un bello "tour de forcé"! Ello obliga a una redefinición de las existencias rituales en uso. Los dos primeros grados de Aprendiz entrado y Compañero se encuentran prolongados con un nivel (para nosotros terminal, pero que apareció como el principio de una nueva serie) que sale del marco profesional, estático. Se entra en una visión filosófica que integra la muerte y que da una misión explícita al iniciado y a la institución. El grado de Aprendiz se mantiene como el grado de recepción. Su Palabra se corta en dos. Es completado (en general el mismo día) por la transmisión de un segundo grado —de Compañero— al cual se le quita el signo pectoral y los cinco puntos, que pasan a la Maestría. Se procederá a efectuar la búsqueda, con viajes, luego el retorno de la letra G y la invención de signos intermedios, para volverle a dar un poco de contenido.

El grado de Maestro, conferido dos o tres meses más tarde, se convierte en una verdadera marca de pleno acceso a la Masonería. Adopta una emblemática fúnebre, que el mandil se apresura a enarbolar pasado la mitad del siglo XVIII. Otras versiones (competidoras) de su dramaturgia proporcionan temas vengadores, motivos de búsqueda del Conocimiento, el trampolín a nuevas hazañas caballerescas.

LA CONSTITUCIÓN DEFINITIVA DEL RITO CONTINENTAL DE LOS MODERNOS

La historia sigue su curso. Después de 1751, la Masonería inglesa se divide en una corriente de los *Antients*, llevada a cabo por Laurence Dermott que, en *The three dictinct knocks*, pretende restablecer los usos antiguos (que ningún historiador serio pretendería hoy que hubieran existido) frente a aquéllos llamados peyorativamente *Moderns*, a quienes endosan finalmente este calificativo. Hay desde entonces dos grandes familias rituales en el mundo. El rito practicado que se desarrolla masivamente en Europa que es el de origen, el Rito de los Modernos, permanecerá el único conocido, bajo este nombre, hasta el principio del siglo XIX.

Las reorganizaciones obedienciales y las regulaciones rituales practicadas en Francia entre 1773 y 1784, al precio de elección, de precisiones administrativas, van a fijarlo en el estado donde estaba a mediados de siglo. Es lo que explica que el Rito "Francés", como lo llamaremos en adelante, haya seguido siendo un conservatorio de los primeros usos de la Francmasonería especulativa. La influencia francesa sobre el cosmopolitismo europeo de las Luces, el hecho de que este *Regulador del Masón* se copiara y luego publicara (en 1801), el efecto propagador de las conquistas napoleónicas, explican su expansión. En Gran Bretaña, los elementos rituales iniciales desaparecen después de la reunificación en 1813 de los Antiguos y los Modernos, por orden del Rey (¡ante el peligro napoleónico!), en Gran Logia Unida de Inglaterra bajo la égida de la logia Emulación.

La transcripción escrita del rito al final del siglo XVIII (pero las divulgaciones o escritos antimasónicos ya existían) proporciona un apoyo, que seguirá siendo una referencia. Esto será siempre una de las características del Rito Francés, la de no proponer más que un modelo, que cada logia adapta... Las otras constantes quedan por su relativa concisión (fiel en eso a una herencia que favorece lo gestual), el cuidado prestado a la ceremonia de iniciación y su compromiso en pro del mito de Hiram. A principios de los años 1780, los grados más allá del de Maestro se reúnen en cuatro conjuntos (*Órdenes*) *Elegido, Escocés de la Bóveda, Caballero de Oriente y Soberano Príncipe Rosa-Cruz* trabajando en capítulos soberanos. Funcionan a semejanza de las logias (todos los grados en la misma estructura y decisiones tomadas colectivamente al 1er Orden).

La identificación de este ritual Moderno con Francia se vuelve entonces frecuente, pero es realmente el producto de evoluciones en relación con Bélgica y los Países Bajos actuales, Italia, la Península Ibérica, toda la Europa Central y Oriental... Su capacidad para sentirse como portador de modernidad se afirma en el último cuarto del siglo XVIII. El año 1773 ve imponerse masivamente un nuevo modelo obediencial, federativo, bajo el nombre de Gran Oriente de Francia. Los Venerables en adelante se eligen y la soberanía emana del Convento sobre la base del principio "una logia, una voz". El poder procede de las logias pero un carácter central inteligente se establece. Esta invención de la democracia asociativa, pesada de consecuencias, explica el lugar creciente de las "planchas" en los Talleres, la libertad de tono filosófico, la remarcable gestión de las candidaturas, del dinero y de la memoria. Un modelo político se esboza. El paso contra el sometimiento a la ciudadanía, en Europa, encuentra allí sus primeros apoyos.

El reconocimiento (que no es más que parcialmente una puesta bajo tutela) de la "Masonería de damas" demandaría desarrollos.

LA EVOLUCIÓN DEL RITO FRANCÉS EN LOS SIGLOS XIX Y XX

El Rito Francés va a conocer dos inflexiones en el siglo XIX y una difícil primera mitad de siglo XX. Va en primer lugar a aportar al Regulador adiciones deístas (en un espíritu por otra parte progresista), comentarios moralizadores. El mismo *Convento*, en 1849, integra las referencias a la creencia en un Dios revelado y en la inmortalidad del alma... y el tríptico Libertad, Igualdad y Fraternidad. Esta evolución pasa a ser, bajo Napoleón III (1851 a 1870), con el ritual Murat, un corsé político y moral que las logias viven mal.

La repercusión es severa: el Convento de 1877, en nombre de la libertad absoluta de conciencia, suprime estas dos obligaciones dogmáticas. Comienza entonces hasta el principio del siglo XX una poda de lo que es ritualmente "arcaico" o "supersticioso", en favor de un discurso positivista, enfático. Una toma de conciencia de estos excesos se opera progresivamente a continuación y el ritual "Groussier" (a partir de 1937) vuelve en parte al Regulador. Su versión de 1955 retoma completamente la apertura y el cierre clásicos de los Trabajos, hace un recordatorio de las Constituciones de Anderson y del artículo 1º, reanuda las pruebas físicas y las fórmulas de recepción del siglo XVIII. Añade numerosos elementos, entre los cuales encontramos un remarcable texto de Cadena de Unión. En su estela, con la versión hoy en vigor (datada de 2002), las restituciones históricas, el rigor en el porte de las decoraciones, la vuelta frecuente del Cuadro de Logia dan prueba de una asombrosa vuelta, que se comprueba en numerosos países. El despertar vigoroso de los "Órdenes de sabiduría" desde hace una decena de años participa del mismo fenómeno.

¿LA OBRA AL AZUL DEL SIGLO XXI?

¿Cómo explicar eso? El Gran Oriente había justificado mal la decisión del Convento de 1877, que no hacía más que suprimir la obligación de invocar al Gran Arquitecto y "su" rito se había encontrado penalizado. No obstante, el dinamismo del Rito Escocés Antiguo Aceptado después de la mitad del siglo XIX es real. Conseguirá mucho tiempo reconciliar mejor la exigencia social (y se coloca en esta época a la izquierda del GODF) y el simbolismo. El GODF falta entonces a varias citas con la Historia en el momento de la creación de las primeras logias mixtas, luego femeninas, que adoptarán el Rito Escocés. El Rito Francés seguirá siendo mayoritario en las logias azules, pero sus capítulos, interesados en empezar a trabajar a partir del 18º grado y a practicar el grado de Kadosh, integrarán el rito escocés. Este estrechamiento interno se acompaña de un impresionante retroceso exterior Después del divorcio con el mundo anglosajón y el choque de la 1ª Guerra Mundial, América Latina (con algunas excepciones, como Brasil) cambiará de rito. Luego, todos los países de la zona europea del RF sufren guerras, se hunden en el totalitarismo: Rusia, Europa Central, Italia, Alemania, España...

Después de la Segunda Guerra Mundial, el GODF está desangrado. La mayoría de estos países y sus Masonerías se reconstruirán con la ayuda americana... El mundo anglosajón, que no conoció ni guerras sobre su suelo, ni competencia del comunismo, y cuya masonería practica un "clubismo" que permite incorporar efectivos impresionantes utilizará este último y el tema de la regularidad como vector de influencia político a su servicio.

Las cosas cambiaron seriamente a partir de los años noventa. La investigación histórica progresó y los Masones se hablaron cada vez más: muchas controversias y malentendidos comenzaron a caer. Mientras que la Masonería anglosajona pierde las tres cuartas partes de sus miembros en 50 años y envejece, apuntalada sobre su pretendida regularidad, una francmasonería en fase con las preocupaciones de sus fundadores y su tiempo se desarrolla con dinamismo en varias partes del mundo. Sus efectivos van en alza rápidamente. Se feminiza, sus esperas y sus exigencias se precisan. La reflexión se refiere a la validez de un ritualismo percibido como estrecho, y sobre la pertinencia filosófica de una Tradición imposible de encontrar o invocada en fines sospechosos. Un cierto cansancio se abre ante lo que ha devenido la simbolatría. El Rito Francés, al presentarse como una herramienta y no como un fin en sí, aparece como creíble.

Los ritos sólo valen por los hombres y las mujeres que los sirven y la Orden masónica, mañana, serán lo que hagamos de ella. La existencia de la Masonería femenina, la importancia del adogmatismo, la realidad del pluralismo obediencial y ritual son hechos no negociables, que ningún ucase o "landmark" cambiará. Todo el resto está por inventar. La necesidad de basarse mejor en la verdad, de unir la interioridad y lo universal, de hacer de nuestras diversidades un enriquecimiento mutuo se impone a los Masones de toda la Tierra. Esta obra donde seremos siempre operativos. ⚒

Imagen por cortesía del Fondo del Museo del GOdF en París

REFLEXIONES A VUELAPLUMA

SOBRE EL RITO FRANCÉS Y SU PRÁCTICA

QUIERO EN PARTE ALEJARME DE LOS FORMIDABLES TRABAJOS HIS-
TORIOGRÁFICOS QUE ESTAMOS PRESENTANDO PARA METERME EN EL
DÍA A DÍA DEL MAESTRO QUE LIDIA EN LOGIA
CON EL RITO Y CON EL RITUAL DE RITO FRANCÉS.

Víctor GUERRA
M∴ M∴ del Gran Oriente de Francia
Presidente del Círculo de Estudios del Rito Francés
«Roëttiers de Montaleau»

Para empezar decir que en Francia el conocimiento del Rito Francés está muy engarzado en las logias, y por tanto la práctica y podemos decir que con todas las "contaminaciones y variaciones posibles" es aún con todo su realización bastante exquisita, y ello es posible gracias por un lado a una bibliografía, no muy abundante pero sí muy interesante, a lo cual hay que sumar la potente transmisión oral que existe en tierras galas, sumando a ello otras esencial característica como es la escasa ruptura habida en la cadena del conocimiento masónico, lo cual ha asegurado y permitido cierta pureza ritual y como no una pervivencia de un rito que en Francia, al menos promete tener un largo recorrido.

Y digo "cierta pureza", a propósito, porque no he visto publicado todavía un claro y rotundo trabajo de disección sobre la configuración de Rito Francés en lengua castellana que nos hable de sus esencias y desarrollos, y como no de las contaminaciones habidas y asumidas, y de las prospectivas sobre un rito que está desencadenando toda una oleada de expectativas en muy diversas partes del orbe internacional.

Como he dicho, echo de menos este tipo de trabajo, pues creo que debiera preocuparnos e interesarnos a todos los que no estamos en esa larga cadena de tradición masónica de la que he comentado más arriba, o sea que no han tenido cortes históricos-temporales, los cuales como recién llegados al Rito Francés, que haya toda una pléyade de trabajos, de reflexiones acerca del Rito Francés, para que de este modo y manera pudiéramos entender de forma cabal todas y cada una de sus modulaciones.

Al respecto decir que tan solo nos llegan destellos de trabajos que aparecen por aquí y por allá; felices hallazgos con oportunas reflexiones sobre el método ritual del RF; y lo cierto es que son bienvenidos, pues está claro que los rituales no lo dicen todo, ni todo lo explican, y por tanto nos quedamos un poco a dos velas, o como bien dice Daniel Ligou, "nos deja ante un trabajo de exegesis que está aún pendiente de realizar", aunque ese déficit en Francia es un mal menor, en otras latitudes como la nuestra la cosa es de una carencia importante , lo que está permitiendo, entre otras cosas, concomitancias y contaminaciones en el desarrollo del Rito Francés.

En el ya largo recorrido por logias y Capítulos, tanto propias como ajenas a mi Obediencia, puedo decir que a veces he quedado, pese a todas las deficiencias, y puedo decir en alto que a veces he quedado gratamente sorprendido por el desarrollo y esmero con que se trata un Rito tan delicado como el Rito Francés;, aunque no se puede negar que en otras ocasiones el asombro y la sorpresa fue todo un escenario lleno de incertidumbres.

Si bien en los grados capitulares u Órdenes de Sabiduría, no he visto grandes diferencias en los trabajos rituales, ni siquiera en las decoraciones de los talleres, tal vez advertir que en Francia están como más pegados la tradición estética que podríamos definir como un tanto "escabrosa" o como ahora se dice "gore" o "gótica", cuestión esta que en España, por lo que he visto y observado, se opta por una extinción de tales modelos estéticos optando como digo por otra coreografía alejada al modelo "gore".

Tal vez ello deja al descubierto, al menos en el 1º Orden del RF, al discurso generalista sobre la venganza y la justicia un tanto extrañado al faltar los elementos escenográficos de referencia, aunque habrá que juzgar si ello no será "pecata minuta" si nos atenemos a los que nos indica D. Ligou, el cual nos hablaba de las incoherencias del "Discurso Histórico" dentro del 1º Orden.

Sea como fuere, se puede decir que aún con todo ello puedo reconocer, pese a las formas y prácticas particulares de cada Obediencia y cada Capítulo, el fondo y la forma del Rito Francés, tal vez porque el trabajo ya está muy enfocado hacia una reflexión permanente y hacia

un modelo abierto de debate y diálogo, lo que hace que la cuestión ritual en los Capítulos, a mi juicio, sea más comprensible y reconocible y se puedan hallar menos "interferencias", aunque me siguen preocupando el concatenamiento de hechos y personajes religiosos dentro del corpus mítico del Rito Francés.

Tal vez habría que ser más ambiciosos e ir a la revolución ritual que pedían los *Hermanos de Blois*, y que ya expuse en el blog Rito Francés; aunque tal vez esa cuestión nos llevaría de nuevo ante la necesidad de abordar esa exegesis que está pendiente de realizar de una forma profunda concienzuda y "científica", y que de abordarse permitiría realizar un trabajo de laicización ritualística más fuerte, y por tanto más consecuente y coherente con los postulados de los que abordamos la práctica masónica desde una perspectiva absolutamente laica, sin que ello por otro lado pudiera incidir en el sentido del Rito. Aunque ya digo que es una reflexión a vuela pluma y desde una parcial ignorancia, que tal vez me lleve a planteamientos no factibles.

Pero si quiero incidir a riesgo de ser reiterativo, de esa necesidad de referenciar y codificar todo el desarrollo conceptual e ideológico que conlleva la práctica del Rito Francés, de igual modo a como sucede con cualquier otro rito, pues si bien el REAA cuenta con trabajos muy singulares al respecto, podemos citar los de Bayard, Boucher o Mainguy, que desde sus particulares ópticas y concepciones al final de todo el proceso logran que haya todo un corpus de consulta y de referencia muy básico e importante para la formación masónica.

En el Rito Francés queda aún mucha por hacer, digamos que hemos empezado, y para nuestra conocimiento creo que sería básico saber cómo, porqué y de qué modo el RF quiere desmarcarse y diferenciarse de otras prácticas rituales, tanto en el fondo como en la forma, y más cuando el Rito Francés parece tener toda una constante y es la de interrogarse sobre su misma esencia, cosa que no ocurre con otros Ritos.

Dicho esto, deseo hacer una pirueta y recaer de nuevo sobre la práctica del Rito Francés en las logias azules españolas.

Siempre me ha llamado la atención lo "cafres" que somos con el Ritual, personalmente no es que sea un "ortodoxo ritualista" ni un comisario del "rito", pero creo que con los años he ido cambiando de orientación, y si bien, siempre me he mostrado beligerante con las incoherencias y contradicciones que salían a mi paso en el ejercicio del trabajo masónico, sobre manera en las logias azules, no es menos cierto que al principio le daba un relativo valor al Rito y al trabajo ritual. Pero el trabajo del Maestro Masón es ir asentando su trabajo y basamento, y en ese cotidiano hacer he empezado a darme cuenta en el mismo momento de que el Rito Francés dejó de ser una herramienta administrativa pura y dura, para convertirse en una pasión que se ha ido fraguando gracias a las visitas a otros talleres, sobre manera a logias francesas, y al estudio que desde hace ya tiempo he emprendido sobre los Ritos, lo que contribuido a que me convierta, no en un perfeccionista ritual, pero sí en un admirador del trabajo de modelación y modulación que hace el Rito en el trabajo masónico, y más el Rito Francés, aunque también sé de la difícil tarea didáctica y pedagógica que queda por delante planteada muy a la española, en las que muchas veces el tuerto conduce al ciego, pero algo es algo, antes no había nada más que el ritual a palo seco. Hoy vamos entendiendo y comprendiendo algo más.

Planteado esto, cada vez veo con más horror como en muchas ocasiones no hay piedad con el Rito y el Ritual, se le destroza, se le mutila o se le hacen añadidos sin más miramientos que la necesidad o las obligaciones del momento, producto en parte de la ignorancia y desconocimiento, sin atender a las modulaciones que requiere el Rito y el ritual, así como todos los componentes que intervienen en el proceso del trabajo masónico.

Si todo ello ya es complicado en cualquier rito incluido en el REAA, en el caso del Rito Francés, digamos que se entra como dice un buen Hermano "a sable", sin piedad..., digamos que lo que nunca se ha permitido el REAA, en el RF se hace sin comedimiento alguno, viajes de menos en el caso de iniciaciones, mutilación de los repertorios didácticos en el caso de las pruebas y viajes; es más hasta parece ya haber un cierto símil entre adogmatismo y cercenación del Rito.

Creo que debiéramos ser más respetuosos con esa tradición un "tanto distinta" que profesa el Rito Francés, a veces con solo seguir el ritual

[59]

ya debiera bastar... Pero no siempre es así... No hace mucho en una Tenida de Logia azul, un Soberano Comendador del Rito Francés, sentado a mi lado en una tenida de su propia Obediencia, poco ritualista y simbolista él, me comentaba a la vez que los Hermanos evolucionaban por el taller un poco a su aire , que con que se leyeran el Ritual, y se pusiese en práctica lo que en que decía el texto, ya era bastante..

Es cierto que hay contaminaciones involuntarias y voluntarias para ajustar la práctica ritual a las conveniencias e ideologías y gustos masónicos al uso de cada Obediencia, no voy a entrar en ello, pero sí en esas mutilaciones que desde la óptica adogmática le hacemos al Rito Francés, que es ante todo una herramienta sencilla y original, poco recargada y poco dada a las florituras, puesto que busca convertir el taller en un ágora de la palabra huyendo en parte de todo aquello que estorbe al fin u objetivo que se persigue: la palabra.

Pudiéramos decir que estamos ante una herramienta ritual de extrema sencillez, y ya se sabe que lo que parece sencillo detrás tiene todo un trabajo importante de depuraciones y ensamblaje, que en el caso que nos ocupa presenta destellos y sentidos que se nos esconden a primera vista, no es como en el REAA que todo tiene un preciso sentido estético que además permite un recargamiento simbolista en el cual si algo se suprime no se notaría tanto en la arquitectura y desarrollo final del rito.

En el caso del RF es distinto, es la pureza de lo simple y de lo espartanamente estético lo que le da riqueza a favor de la palabra, por lo tanto todo aquello que modifiquemos no hará nada más que deformar el trabajo y convertir en estratosférico y estrambótico el discurso ritual, perdiendo éste coherencia y sentido lógico y conceptual.

Elaborando un símil religioso, podríamos decir que es como comparar una catedral gótica (REAA), con una iglesia cartuja el (RF): el florilegio frente a la desnudez.

Lo que no se puede permitir, y ahí sí que soy beligerante, es que parte de los Maestros sin ningún recato aplaudan en ocasiones y den por válida y buena la práctica de recortes y añadidos, y además se complazcan en ello, pues con el paso de tiempo el vacío roerá el alambique que nos hemos construido, y solo quedará pues eso, una de ambulación y un quehacer de cualquier modo donde el bastón del Maestro de Ceremonias será un garrote sin más, y la espada un mandoble con el cual no se sabrá qué carajo hacer a la hora de las baterías, por poner un ejemplo.

En otro rito tal vez se noten menos esas extrañas maniobras, pero en el Rito Francés, una cuestión como la que acabo de contar desbarata todo el sentido del Rito, y entonces sí que entra en escena esa máxima que se ve en algunos talleres, "vale más la cantidad, el peso social y profano de la masonería " que el trabajo interno.

Ignoran cuanto de ello presumen, que es precisamente ese sentido, ese trabajo interno el que nos carga las "pilas" para luego ejercer la proyección social, de lo contrario estaríamos al final de todo el periplo en una angustiosa realidad de desertización de las logias, ya que estas no podrían dar respuesta con la misma contundencia a las demandas de trabajo social, y los Hermanos optarían por abandonar los talleres. Toda esta reflexión vale para cualquier rito es evidente, pero para el Rito Francés aún más. ⚒

DEL RITO FRANCÉS EN ESPAÑA

No se puede negar que el Rito Francés es un gran desconocido en nuestro orbe peninsular, ya que casi toda nuestra tradición masónica secular ha estado básicamente unida al Rito Escocés Antiguo y Aceptado (REAA), sin casi podríamos decir que en España se ha creado como una simbiosis entre masonería y el Rito Escocés Antiguo y Aceptado y toda su coreografía.

Redacción

Sin embargo no se puede negar que también ha habido un delgado venero que nunca se ha secado y que siempre ha tratado de sacar adelante tal rito a través de las décadas y las dificultades, siempre por alguna esquina fluye la esencia ritual que desprendieron los "modernos" el Rito Francés.

A día de hoy tampoco los historiadores y masonólogos se han metido a fondo en los temas rituales, de hecho hoy solo contamos con una aproximación a la esencia ritualista que es el trabajo de Alvarez Lázaro en su ya famoso libro *La Masonería Escuela de formación del Ciudadano* por el cual sabemos que, por ejemplo, el GODE en 1874 en sus logia podían usar de forma dual ambos Ritos (REAA y RF)". Esto, como podemos suponer, da una perspectiva de cuál es nuestro fondo referencial de estudio y profundización sobre los ritos, ya que por poner un ejemplo en el citado libro apenas si se matiza cuando se referencian las grandes Obediencia se marca el Ritual en que trabajaban dichas Obediencias y sus logias sabiendo además las diferencias existentes y de las cuales se hace eco el miso Alvarez Lázaro que dice al respecto que "hasta 1884 las diferencias ideológicas entre ambos ritos fueron mínimas, pero desde aquella fecha las traducciones españolas de los rituales franceses del RF estaban impregnadas de un racionalismo positivista radical y fuertemente inclinado al agnosticismo y al ateísmo".

Como vemos alguna Obediencia del siglo XIX que trabajó en el Rito Francés, aunque luego en pleno siglo XX, antes del derrumbamiento masónico por la acción del General Franco no se trabajó en Rito Francés, ya que tanto el GOE como la Gran Logia Española siempre trabajaron en REAA. Luego con el renacer de la masonería a partir de 1978 y pese a las grandes influencias y contactos con el mundo masónico del otro lado de los Pirineos, el ritual que se impuso fue el REAA, con alguna breve aparición del RF, digamos que el color moaré del RF siempre fue muy difuminado cobre el rojo del REAA.

Hoy ya en pleno siglo XXI, puede decirse que hay un "renaissance" del Rito Francés y aunque no se puede decir propiamente que el Rito Francés haya venido de nuevo a estas tierras de la mano de la implantación en tierras españolas de las logias del GODF, antes ya había habido algún intento por parte de alguna logia de la Gran Logia Simbólica Española (GLSE) de trabajar tal rito, eso sí, como podía y entendía, a veces con grandes contaminaciones del REAA.

Aunque no es menos cierto que el crecimiento de las logias del Gran Oriente de Francia en España supuso un auge y, como no, la llegada de refuerzos al secano en que nos encontrábamos, ya que la acción de algunos de los Maestros Masones españoles coadyuvaron en la articulación periférica del Rito Francés, marcando de esta modo la diferencia de opción de sus logias como un hecho diferencial con el resto de otras logias y otros ritos; poniendo de este modo de manifiesto la importancia del Rito Francés y la posibilidad de trabajar en línea ritual que ha ido cobrando importancia a medida de que se le ha ido dando a conocer.

En este sentido la presencia de dicha base ritual (RF) en España, se da como una paradoja. Por un lado no se puede negar que esa presencia es aún raquítica, y que pese a la presencia del GODF en territorio español, el aumento no es significativo como bien marcaba en una intervención el Delegado Regional del GODF Aimé Battaglia "en España [el GODF] va de viento en popa, con 7 logias trabajando en el Rito Escocés Antiguo y Aceptado (REAA) y 3 logias trabajando en el Rito Francés", hoy ya son unas 11 logias en total y 5 de ellas trabajan en RF en sus diversas variantes, pese a ser el GODF el gran referente mundial del RF que le singulariza como tal, salvo en España donde esa singularidad y hecho diferencial no parece tener peso.

El Gran Oriente de Francia, faro radiante de la masonería liberal y a adogmática tiene esa singularidad, la de contar como una herramienta ritual importante el RF que pone en práctica la propia Obediencia que articula como ritual administrativo en todas las reuniones de la Obediencia, y la mayor parte de sus 1050 logias trabajan en el Rito Francés.

A este respecto no debemos olvidar el fenómeno que ha supuesto para este Rito la fijación que efectúa parte del orbe masónico latinoamericano, como bien apunta Rodrigo Álvarez en su trabajo, cuyo continente masónico se muestra muy interesado en tal rito, y ello se denota las fuertes demandas de información, de rituales y de materiales de lectura relativas al Rito Francés, y cuyas carencias en castellano son plausibles.

Pese a esa "renaissance" en España parece que dicho Rito no acaba de encontrar el modo de salir adelante aunque las razones hay que buscarlas en el fuerte enraizamiento histórico del REAA que en este país es impresionante, y pese a las incoherencias que pudiera manifestar tal rito con posturas más progresistas y laicas, cuestiones que fueron manifestadas en su momento por Hermanos que cruzaron el charco durante el exilio y se dieron cuenta de que había otra realidad ritual fuera del REAA, que además eran más acorde con sus planteamientos ideológicos y religiosos, pero no podemos negar la gran capacidad del REAA de jugar un "papel centrista" como nos planteaba Daniel Ligou, lo cual le hace empatar como rito, y amoldarse a las necesidades conceptuales, filosóficas y políticas del momento.

Está por analizar también si las esencias cristianizantes de la vieja España, juegan algún papel en el modelo ritual a escoger, no olvidemos que estamos muy acostumbrados a las coreografías y rituales floridos del cristianismo, lo cual hace que no nos choque en demasía el ceremonial escocista, y por tanto el REAA juega un papel se sintonía o empatía, mientras que el Rito Francés un rito seco, de debate, casi de raíz evangélica, nos resulta algo seco y duro. Es, como decimos, una línea que nos debiéramos dejar de lado.

Pese a todo ello el Rito Francés no ha dejado de crecer, muy lentamente, llegando a estar presente en casi todos los ámbitos obedienciales españoles, tanto es así que nos llama la atención de cómo una singularidad ritual como la del Rito Francés ligada al GODF, pues en nuestro terruño peninsular las logias de dicha Obediencia haya una mayoría que practique el Rito Escocés Antiguo y Aceptado, y que en cambio tal presencia se vaya reforzando en ámbitos Obedienciales tan distintos y distantes como puede ser la Gran Logia de España que tiene tres logias trabajando en tal rito.

OBEDIENCIAS DE RITO FRANCÉS EN ESPAÑA
- Gran Oriente de Francia (Logias en España)
- Grande Oriente Ibérico (Logias en España)

Por su parte, esto se desdobla de la siguiente manera: Talleres de las Obediencias que están trabajando, en Rito Francés en España.
- Grande Oriente Ibérico: 5 logias, Ara Solís (La Coruña), Ara Solís II (Madrid), Lux Veritatis (Terrasa), Sísifo, (Barcelona), Iberia (Badajoz).
- Gran Oriente de Francia: 5 logias de RF, Blasco Ibáñez (Valencia), Luz Atlántica, (Canarias), Rosario de Acuña (Asturias), Mare Nostrum (Barcelona),Tartesos (Sevilla).
- Gran Logia de España: 3 logias, Aleph 147 (Toledo), Hermes y Luz Fraterna (Madrid).
- Gran Logia Simbólica Española: 2 logias, Descartes (Barcelona) y Hermes y Tolerancia (Madrid).

CAPÍTULOS DE RITO FRANCÉS QUE TRABAJAN EN ESPAÑA
- Gran Oriente Ibérico (Gran Capítulo General de España), 3 Soberanos Capítulos: Gerión (La Coruña), Unión (Madrid) y Ferrer i Guàrdia (Barcelona).

GRAND CHAPITRE FRANÇAIS
Tiene un Soberano Capítulo en Madrid: HISPANIA.

Así mismo y al margen de las logias y las Obediencias citadas, hay multitud de sitios web, como pueden ser las páginas de las logias citadas, blogs, etc., que hablan del Rito Francés, aunque hoy por hoy, con vocación y dedicación a tal rito solo hay tres lugares de consulta que exponen con bastante frecuencia documentos, artículos, rituales, etc...

Otros sitios dedicados al Rito Francés en España.

Círculo de Estudios de Rito Francés Roëttiers de Montaleau (www.ritofrances.es).

Blog de Rito Francés: http://ritofrances.blogspot.com/

Blog Racó de la Llumhttp://racodelallum.blogspot.com/

Hasta aquí el presente, habrá entonces que preguntarse cuál será el futuro del Rito Francés en España. No hay bola de cristal, sino todo un empeño en que al menos el Rito Francés en sus diversas concepciones se desarrolle, no solo eso lo ideal y preferible, es que como tal rito a su alrededor se fueran fijando las posiciones de unos y otros, de los "dogmáticos a los adogmaticos" frente al rito y su concepción, desarmando el nudo gordiano de que el Rito Francés aparezca como una patrimonialización del ala liberal masónica.

En ese sentido, y en la medida de que dejemos de pensar en el ritual como una herramienta elástica y administrativa, que puede ser manejada, tanto por unos como por otros, eso sí en base a una exquisita aproximación y desarrollo entonces seremos capaces de ir interesando

a Maestros y a logias para que apuesten por su puesta en valor, ya que tenemos en las manos un ritual de cierta pureza y que se enraíza en la primigenia masonería del 1717 y se empapa de toda la luz que le puede dar la Ilustración para poder desarrollar el arma más admirable de la masonería: La palabra.

EL RITO FRANCÉS EN AMÉRICA

UNA FORMA RITUAL QUE APENAS NACE EN EL CONTINENTE

LA ÚNICA FORMA RITUAL FIEL A LOS IDEALES, TRADICIONES Y SIMBO-LISMO DE LOS PRIMEROS FRANCMASONES ESPECULATIVOS, LLAMA-DOS POR ELLOS MISMOS "MODERNOS", SE ENCUENTRA EN NUES-TROS DÍAS EN EL RITO FRANCÉS MODERNO. LA LÓGICA NOS INDI-CARÍA QUE POR SU ESTRUCTURA LIBERAL, PROGRESISTA, LAICA E HISTÓRICAMENTE LIGADO A LAS LUCHAS SO-CIALES, FUERA EL RITO MÁS PRACTICADO EN EL CONTINENTE AMERICANO

Rodrigo Álvarez Reynal
M∴ M∴ de la M∴E∴A∴P∴R∴M∴M∴ de México
Miembro del Círculo de Estudios del Rito Francés
«Roëttiers de Montaleau»

La única forma ritual fiel a los ideales, tradiciones y simbolismo de los primeros francmasones especulativos, llamados por ellos mismos "Modernos", se encuentra en nuestros días en el Rito Francés Moderno. La lógica nos indicaría que por su estructura liberal, progresista, laica e históricamente ligado a las luchas sociales, fuera el Rito más practicado en el continente americano.

Pero la lógica falla inexorablemente, los ritos modernos y su posterior conservación en el RF, solo ha servido de inspiración y algunas influencias en América, en la generalidad sus formas son desconocidas y apenas practicado activamente en algunos países hasta hace pocas décadas.

Buscar las huellas del RF en América, es una labor detectivesca, existiendo pocos datos al respecto y a veces tergiversados o encubiertos. Echemos un vistazo de los datos comprobables y sabidos del RF.

EL RITO FRANCÉS POR REGIONES

NORTEAMÉRICA

CANADÁ

El primer país donde comenzó su influencia la francmasonería fue Canadá, en 1721 con los primeros colonos, fundándose la Logia "Francs-Maçons Régénérés", bajo la jurisdicción de la Gran Logia "Amitié et Fraternité", de Dunkerque, Francia. De los diversos cuerpos masónicos, practicantes del sistema moderno y antiguo en 1759 nace la obediencia la Gran Logia de Quebec, que posteriormente solo practicaría el Rito Escocés Antiguo y Aceptado y el Rito de Emulación. Posteriormente en 1855 se formaría la Gran Logia de Canadá siendo apoyada por la Gran Logia de Inglaterra y las potencias de Estados Unidos.

El Gran Oriente de Francia da patente en 1896 a la Logia Force et Courage de Montreal, practicando el RF. Desde sus inicios tuvo un ambiente hostil por su vertiente liberal, por los demás cuerpos masónicos nativos y el catolicismo de su región fue un serio atacante. A principios de 1900 abatió columnas y hasta septiembre de 1999 no se formó una Logia con el mismo nombre, haciendo homenaje a su historia, por parte del Gran Oriente de Francia en Montreal.

ESTADOS UNIDOS

Los primeros datos de una Logia establecida en este país tiene fecha de 1733 en Boston, aunque existen documentos que muestran semillas de ella en años anteriores en Filadelfia. Directamente fue espejo de las peleas entre los "Modernos y Antiguos". En este tenor la práctica de la primera masonería "Moderna" fue extendida exitosamente, adicionado al apoyo recibido por los hermanos del Gran Oriente de Francia que fue determinante para la Independencia de Estados Unidos. No podemos olvidar a La Fayette y su estrecha relación con los fundadores francmasones de este país.

Entre estas coincidencias, tenemos el papel preponderante de Benjamín Franklin, el cual era originario de la Gran Logia de Pensilvania y al mismo tiempo de la Logia de las Nueve Musas del Gran Oriente de Francia. La práctica del RF en estos tiempos es muy imprecisa, y nunca existió un cuerpo regulado directamente por una potencia francesa. Tras la independencia y después de tumultuosos acomodos, la francmasonería en este país se unificó y tomó como practicas generales el REAA, y su vertiente llamada Rito Americano y el Rito de Emulación (conocido como York). Esta hegemonía causó que pocas potencias llegaran a este país, de entre esas pocas resalta la práctica del Rito de Memphis Misraim, cuyos miembros después de las resoluciones del Gran Oriente de Francia sobre el GADU, desconocieron a la obediencia y formaron la propia.

De la primera Logia practicante del RF en Estados Unidos de forma posterior, se cuenta la Logia L'Atlantide, fundada el 13 de enero de 1900 por miembros franceses establecidos en Nueva York, teniendo carta patente de parte del Gran Oriente de Francia. Con 60 miembros, a veces 80. Con el tiempo no solo francoparlantes se unieron, ciudadanos estadounidenses no necesariamente de origen galo, buscando un proceso de investigación y ritual, mas apegado a la francmasonería latina, muy diferente a la anglosajona. Aunque no resaltaba a comparación de las logias estadounidenses, sus esfuerzos se centraron en promover la dignidad humana.

CREANDO ALTERNATIVAS

En 1976 en una reunión anticipada a la celebración del bicentenario de la independencia estadounidense por parte de la Logia Logia

[69]

L'Atlantide, se decide crear el 10 de diciembre del mismo año una gran logia estadounidense progresista, que fuera el futuro núcleo de logias nativas adheridas al concepto de la absoluta libertad de conciencia. En agosto de 1977 se ratificó por parte el Gran Oriente de Francia los permisos para la Logia George Washington Nº 1. En 1979 se suscribe a los Acuerdos de Estrasburgo de CLIPSAS, y es reconocida por múltiples potencias del mundo, más no por la gran mayoría de su país.

En 1989 se crea la Logia Lafayette 89, en Washington D.C. perteneciente al Gran Oriente de Francia en Norteamérica, siguiéndole Art et Lumière en Los Angeles y Pacifica en San Francisco.

En 2001 muchas logias se habían formado en Estados Unidos, lo que causó que en 2002 se reconociera a la Unión George Washington como una potencia independiente del GODF. En el 2005 se firman acuerdos de cooperación con la Gran Logia Femenina de Francia y mantiene sus relaciones con el GODF.

Un nuevo Gran Oriente

La práctica de otros Ritos en Estados Unidos, ha cargado el estigma de ser "irregular" y "clandestina" por la hegemonía de las Grandes Logias autodenominadas regulares en Estados Unidos. La cuestión del laicismo del RF ha sido ampliamente detestada, por un sentimiento religioso, en ocasiones rayando en el fanatismo, originado por una pobre instrucción ritual y adoctrinamiento sistemático.

Es un hecho que la francmasonería en Estados Unidos ha tenido una reducción dramática en sus miembros (aunque actualmente el Símbolo Secreto parece que revertirá esta tendencia), de lo cual hasta hemos sido testigos de una política de reclutamiento, con comerciales en televisión en Estados Unidos, promocionando las bondades de la Orden, amigos de por vida y posibilidades de negocios cuando uno se convierte en francmasón.

En otros esfuerzos más éticos, el hermano Jeff Peace cuando trabajaba en asuntos administrativos en la Gran Logia de Georgia, bajo la dirección del Gran Maestro Bobby Simmons, comenzó a analizar las estadísticas de membrecía, el problema no consistía en el ingreso de nuevos miembros, si no en la amplia deserción, que llegaba aproximadamente al 75% a los 2 años de su iniciación. Se formó un cuerpo masónico llamado orden de la Rosacruz de Oro, representando una forma de moderna caballería en conjunción con los ideales masónicos. Haciendo énfasis en la fraternidad y apertura mental, especialmente conformado para los miembros jóvenes o de la llamada "generación X". Resultó ser muy eficaz, pero acabó siendo víctima de la política de las autoridades del REAA.

Entonces se creó en el 2005 Gran Logia Unida de América, la cual al poco tiempo comenzó a entablar relaciones con el GODF, la Unión George Washington y otras potencias liberales. Se vio la necesidad de cambiar su nombre el 27 de diciembre del 2006 y viró a Gran Oriente de Estados Unidos, para distinguir claramente este cuerpo de los sistemas masónicos angloamericanos. Esto fue un cambio enorme, y después de dos años de arduo trabajo en noviembre del 2007 muchas

logias instauradas en el sistema angloamericano masónico, se declararon independientes y se unieron a este Gran Oriente, formalizando relaciones con el GODF. El 27 de junio del 2008 se firmaron los pactos de amistad, reconocimiento, soberanía con el GODF, adicionado a las cartas patentes para practicar diversos ritos, en ellos el RF para el GOUSA. El 20 de marzo del 2009 se establecieron el Capítulo General para altos grados del Rito Francés. El GOUSA cuenta con 12 logias, y ha tenido una gran escalada en solicitudes de ingreso y afiliaciones de francmasones.

[71]

Carta Patente del GOUSA

CENTROAMÉRICA

MÉXICO

$\mathcal{U}$na gran mayoría de estudiosos, coinciden en establecer los principios de la francmasonería en México en época colonial, al final del siglo XVIII. De los escritos al respecto destaca que en 1785 se realizó el primer proceso de la Santa Inquisición en territorio Novo Hispano, contra actividades masónicas, enjuiciando al peluquero Pedro Bardales (quien "se jactaba de que el propio virrey era secretamente francmasón), al cocinero del virrey Juan Laussel, al cirujano Juan Durrey, y a Vicente Lulié, Juan Domingo Duroy y Juan Aroche. El Diccionario Porrúa, dice al respecto: "Con la llegada del virrey (Juan Vicente de Güemes Pacheco y Padilla de la Casa de Borbón en España) en 1789, llegaron varios masones franceses que celebraron el solsticio de verano en 1791 en la calle de San Francisco en la ciudad de México, domicilio de la relojería de Juan Esteban Laroche, apodado El Jorobado".

Estos datos son citados en casi todos los libros referentes a la francmasonería en México, se ha interpretado por la época histórica, que los francmasones enjuiciados practicaban muy posiblemente el Rito Francés Moderno.

Visita de los dignatarios del GOUSA en el Gran Oriente de Francia, marzo del 2008

En los años subsiguientes es difícil diferenciar logias masónicas o grupos de francmasones imbuidos movimientos políticos. El primer cuerpo masónico reconocido oficialmente fue practicante del Rito Escocés Antiguo y Aceptado en 1813, en Veracruz y Campeche por la Gran Logia de Louisiana, seguida por la Gran Logia de Pennsylvania. Estableciéndose una Logia en Alvarado en 1824. En estos tiempos turbulentos, popularmente serian conocidas las facciones políticas dirigidas por francmasones, como, los "Escoceses" y los "Yorkinos", y por consiguiente también sellaría el futuro de práctica de Ritos en el país.

EL RITO NACIONAL MEXICANO:
INFLUENCIAS Y CONFUSIONES

De los enfrentamientos entre los grupos citados, se intenta unir la francmasonería en el país en un solo cuerpo, el Rito Nacional Mexicano (RNM). En sus escritos establece su fundación en 1825, al igual que muchas fuentes masonológicas del país. Sin embargo historiadores y masonólogos del mundo sitúan su establecimiento en 1830. Nunca fue reconocido por la Gran Logia Unida de Inglaterra, y por las cuestiones políticas subsiguientes, tampoco por el Gran Oriente de Francia y otras potencias.

La organización del RNM se basa en ser una Gran Logia-Rito, algo muy común en el continente. Su mayor aportación filosófica e histórica se establece en su primer principio, versando que el RNM es libre e independiente, como es la nación mexicana a las demás potencias. En los escritos, referencias y rituales actuales, podemos ver en el RNM la combinación del REAA con el Rito de Emulación (York), con predominio del primero y el establecimiento de usos y costumbres especificas de México.

Existe una confusión de traducciones y entendimiento ritualístico en su origen, muchos francmasones adheridos al RNM aseguran que se basó la conformación de éste, con "Liturgias" del "Rito Francés Antiguo" o del "Rito Primitivo Francés", la primera acepción es incorrecta, y la segunda confusa y sumamente imprecisa. De lo cual algunos francmasones del RNM aseguran practicar el Rito Francés Antiguo, que no es más que el Rito Primitivo, denominado "Francmasonería Progresista Universal", el cual por su nombre genera múltiples confusiones, en autoproclamarse con una línea directa de los masones

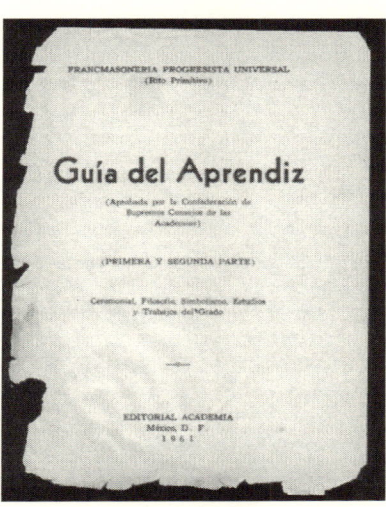

Guía del Rito Primitivo

operativos, y haber tenido entre sus filas a personajes como Américo Vespucio y ser depositario de un pasado común con el Rito Primitivo de los Filadelfos de Narbona. Este respecto crea más confusión, ya que los Ritos franco egipcios de Memphis y Misraim, también se consideran sucesores de los Filadelfos.

No existe ninguna evidencia fidedigna, que en la época de la fundación del RNM y que posteriormente haya existido en México una corriente francmasónica llamada Rito Primitivo; en las proclamas actuales del Rito Primitivo se invoca que un francmasón llamado Cardette que estableció dicho cuerpo en México entre 1825 y 1826, y posteriormente se incorpora al RNM y con su ideología lo moldea.

Analizando el RNM encontramos coincidencias en la costumbre del interrogatorio con venda, y otras cuestiones menores, imitando los usos de la francmasonería francesa en general. De igual manera el espíritu laico y los principios de Libertad Igualdad y Fraternidad, su lema "Al triunfo de la verdad y al progreso del genero humano", contienen más coincidencias con el espíritu del RF. Lo más lógico, es que existiera una influencia clara de los primeros textos del RITO Escocés Antiguo y Aceptado (REAA) y del Rito Francés (RF).

De las pruebas físicas que contamos del origen del Rito Primitivo (RP) está en la Guía del Aprendiz, publicada en la ciudad de México, en 1961. En internet se puede encontrar libremente su versión digital el cual tiene año de publicación de 1954. En los 18 Principios Fundamentales del RP contiene referencias muy similares a los artículos de la Constitución del Gran Oriente de Francia. A nivel ritual algunas partes nos recuerdan el Rito Francés de Referencia, aunque con cuestiones muy diferentes en su desarrollo. Del auge que tuvo el Rito Primitivo en México, en años posteriores se fue perdiendo, y hoy en día es una potencia minoritaria en el país.

INVASIONES FRANCESAS

Es célebre en los libros de historia la Primera Intervención Francesa en México, conocida como la Guerra de los Pasteles, entre 1838 y 1839, hundiendo el dedo en la llaga, en un país que apenas había pasado por otra invasión de una potencia extranjera. En la Segunda Intervención Francesa se enardeció el encono contra el ejército francés, y pese a la heroica batalla del 5 de Mayo, la ocupación se concreto entre 1862 y 1867.

El drama histórico entre Benito Juárez y Maximiliano I, nunca se ha podido comprobar que el segundo fuera francmasón, aunque se le fue dado de forma honorifica el grado 33º por miembros del Supremo

Consejo del Rito Escocés Antiguo y Aceptado (REAA). A pesar de las presiones de los grupos católicos por desarraigar la masonería en México, Maximiliano la protegió, y se formo un Gran Oriente con jurisdicción de Estados Unidos en 1865, del cual existían Logias que trabajaban en castellano, francés y alemán. Destaca la Logia francesa "Les Emules de Hiram Nº 2, de la cual se desconoce que rito practicaba, pero muy posiblemente fuera el REAA.

De las tropas francesas que estuvieron estacionadas en el país, se sabe que muchas que eran Logias militares, afiliadas al Gran Oriente de Francia, y que practicaban el RF, pero al acabar este capítulo de la historia, regresaron a su patria, sin dejar casi ningún rastro duradero de sus prácticas. El nacionalismo mexicano fue en gran medida, tomado por la francmasonería nativa, de lo cual quedó sellado por varias décadas el repudio contra Francia. Entre los héroes de esta gesta estaba Porfirio Díaz, siendo décadas después presidente de la República, con su Gran Dieta Simbólica intentó con la coacción del Estado unir a todos los cuerpos masónicos, aunque esto no duró, pero sí se estableció en papel preponderante el REAA. Pese a la afición de Díaz, por las tendencias francesas, cuya huella podemos ver en el Palacio de Bellas Artes, no se sabe de ninguna Logia practicara el Rito Francés activamente, y si se practicaba, era por franceses en el país de forma particular.

LA MODERNIDAD

En el siglo xx, la francmasonería en México, se centra en el Rito Escocés Antiguo y Aceptado (REAA), siguiéndole el Rito de York (RY) y el Rito Nacional Mejicano (RNM). Comienzan a permearse algunas otras formas rituales, pero en muy pequeña medida. La entrada del Rito Francés (RF) vendría por accidente del destino, el 24 de Junio de 1999 se fundaría

Escudo de la Logia Genero Humano

la Logia mixta Género Humano, con miembros de la Logia femenina "Teoyocihuatl 21" Nº 1 de la Gran Logia Femenina Teoyocihuatl, así como de la logia masculina "Voltaire" Nº 14 de la Gran Logia Valle de

México, "Domingo Chanona" Nº 5 de la Gran Logia de Chiapas, y del Rito Hermético Atlante Tolteca.

En su inicio esta Logia revisó varias alternativas rituales y administrativas, de la cual la más cercana a sus principios fue el Gran Oriente Latinoamericano (GOLA). El 24 de abril del 2000 en la Ciudad de México, la Logia Género Humano recibe por parte del GOLA su carta patente y el número 31, permitiéndole la práctica del REAA y del Rito Francés Moderno. En los años subsiguientes se concentraría más en la práctica del segundo, permitiendo la entrada a gran número de visitantes apoyando activamente en Internet la masonería mixta, con varios de los primeros grupos en castellano por correo electrónico. Se comenzó a sembrar el germen de la práctica ritual de otras formas, las cuales todavía siguen siendo repudiadas en México. En octubre del 2008 la Logia Genero Humano abandona su obediencia y sigue sus trabajos bajo la bóveda celeste.

Resalta el trabajo de José Ramón González Chávez, (el único miembro fundador que sigue en esta logia hasta el momento), ex Venerable Maestro y ex Gran Maestro Adjunto de la Región Mexamérica del GOLA. Rosa María González Chávez fue de los pilares fundadores que impulso el trabajo de Género Humano hasta el 2009.

En julio del 2008 en la Ciudad de México, se crea la Logia Mixta "La Fayette" Nº 10, con patente del Gran Oriente Ibérico, utilizando el Rito Francés de Referencia, con miembros franceses y mexicanos, alternando sus trabajos en castellano y francés.

Escudo de la Logia Via Hermeticae

El 29 de julio del 2009, en la Ciudad de México se instala la Logia Mixta Via Hermeticae Collegia, con carta dispensa de la Masonería Egipcia del Antiguo y Primitivo Rito de Memphis Misraim de México, alternando sus trabajos en el Rito de Memphis y el Rito Francés Tradicional.

A mediados del 2009 se crea el Círculo de Estudios Rito Frances "Roëttiers de Montaleau", presidido por los Maestros Masones Víctor Guerra (GODF) y como secretario Joaquim Villalta (GOI) y creado por la necesidad de contrastar experiencias, elaborar y desarrollar planes de investigación, así como vías de divulgación y accesibilidad de materiales para sus miembros y estudiosos en general. Logrando un importante ranking de visitas del sitio web, entre los cuales destaca la presencia de usuarios mexicanos. Este interés por el RF se ha visto reflejado claramente en los francmasones mexicanos. Se incorporan al equipo de investigación y proyectos desde México, Lila Lorenzo Venerable Maestra de la Logia La Fayette y Rodrigo Álvarez Reynal Primer Vigilante de la Logia Via Hermeticae Collegia, los cuales colaboran activamente a la primera traducción en castellano del "Régulateur du Maçon" de 1801, incluyendo los Trabajos de Banquete incorporados en el mismo, y que esperemos vean la luz pronto en esta misma editorial: Masonica.es

GUATEMALA

Como en la mayoría del continente, este país no es la excepción en su práctica del REAA. Hasta el año 2005 se habían fundado las Logias Hermes Trimegisto Nº 35 y RL Deber y Libertad Nº 36 adheridas al Gran Oriente Latinoamericano, trabajando en el RF y de forma mixta. Resalta el hecho que la Logia Hermes inició a la primera mujer guatemalteca en la historia.

CUBA

La hegemonía del REAA en este país ha sido histórica desde los inicios de la francmasonería en sus tierras. Aunque existe un antecedente curioso, ya que existieron dos Logias llamadas "La Constante Sophie y L`Humanite, en Santiago de Cuba, bajo los auspicios del GODF. Ignoramos si practicaron el RF.

HAITÍ

En sus inicios se practicó el Rito Francés Moderno en estas tierras, por parte de la todavía Gran Logia Inglesa de Francia en 1749; en los años siguientes el GODF crearía mas logias, sobre todo en Santo Domingo. Despues de la expulsión de los colonialistas franceses, las logias francesas desaparecieron y se consolidó el REAA y el Rito Americano. Posteriormente se permitió a los franco americanos construir la Gran Logia Unida Americana y se creó la Unión Francesa, con jurisdicción del GODF. La práctica ritual solo se basaba en el REAA y el Arco Real, para posteriormente centrarse en la tradición anglosajona que predomina hasta nuestros días.

PUERTO RICO

El 22 de noviembre 2009 se dio la noticia de la primera logia de este país que labora en el RF, Luz del Caribe, adscrita al Gran Oriente Nacional de Puerto Rico, el cual era anteriormente mixto y solo practicante del REAA.

EL CARIBE

La apertura de la Francmasonería en las colonias francesas, es una historia con muchas lagunas. Entre 1738 y 1789 se instauraron Logias en la Martinica, Santo Domingo, Guyana, San Vicente y Santa Lucia. Los miembros de las logias, normalmente eran propietarios de plantaciones, representantes de la Compañía de las Indias, comerciantes importantes, funcionarios del gobierno o militares, entiéndase una minoría de poderosos y "blancos" que no admitían a diferentes personas. La única excepción fue la Logia San Juan del Contrato Social, la cual se funda el 13 de diciembre de 1780 la cual se destaca por su apertura. No se puede hablar de logias con una permanencia lineal en estos territorios, los problemas de la época hicieron que se formaran y cayeran con el tiempo. De igual forma las múltiples logias militares tuvieron un paso como cometas en estas latitudes. Cuando el GODF hizo la apertura a la libertad de conciencia, sus logias adheridas en las Antillas fueron satanizadas por la iglesia católica, acentuando los ataques en las colonias.

CALEDONIA

Desde 1801 se crea la Logia "Libres Citoyens du Monde" practicando el RF de forma ininterrumpida hasta nuestros días, con carta patente del GODF.

GUADALUPE

En 1799 se crea la Logia "La Paix" y en 1802 se forman cinco logias "Pointe à Pitre", "le Moule", "St François", "Antigue" y "Basse Terre" con carta del GODF. Actualmente la Logia "Fraternité Caraibe" del GODF practica el RF. Existen siete logias de la Gran Logia Nacional Francesa en nuestra época, de las cuales desconocemos si alguna practica el RF.

MARTINICA

En 1806 se creó la Logia "L'Harmonie", creada para la elite militar bonapartista, durante estos años la mayoría de las Logias eran compuestas por militares. Existe solo una logia de la Gran Logia Nacional Francesa, que practica el RF, "La Parfaite unión et tendre fraternite reunies Nº 508".

SUDAMÉRICA

ARGENTINA

La primera logia en territorio argentino fue la Logia "Independencia", con autorización de la Gran Logia General Escocesa de Francia en 1795, que sucumbió a los pocos años.

Existió una segunda Logia Independencia dirigida por Julián Álvarez, el cual fue la base para la conformación de la Logia Lautaro de Buenos Aires, con alta importancia en los movimientos libertarios de la época. El GODF funda en 1852 la logia "Amie des naufragés"; y más tarde, las logias "Amis de la verité" y "Humanité Fraternité", las cuales desparecieron por la hegemonía del REAA.

El 11 de diciembre de 1857, se constituye la Gran Logia argentina, funcionando hasta nuestros días.

En 1988 se crea un triángulo en Buenos Aires que daría origen a la Logia "Luz del Plata" Nº 6. y otras 4 de parte del Gran Oriente Latinoamericano, practicando el RF.

BRASIL

La primera actividad masónica en Brasil al parecer fue en 1724, por la Logia "Academia Brasílica do Esquecidos", que al poco tiempo fue perseguida y erradicada del país. Entre otros datos se encuentra la referencia a Randolph Took, que presumiblemente tuvo poderes para ser Gran Maestro provincial para América del sur en 1735.

Existen vestigios de un Gran Oriente en Salvador, vinculado al GODF presumiblemente practicante del RF, con la logia "Associação Literária dos Seletos" en 1752.

El 17 de noviembre de 1823 se funda la Logia "Le Bouclier de L'Honneur", en Rio de Janeiro dándole poderes el GODF. Poco tiempo después todas las Logias suspendieron sus labores hasta 1831, cuando se estableció el Gran Oriente Brasileño, teniendo como Gran Maestro a José Bonefacio de Andrada e Silva, el cual instituyó la practica en el RF. Esta predilección le costó caro, y en el futuro el Gran Oriente tendría divisiones y muchos problemas. El 18 de enero de 1883 se unieron las dos divisiones uniendo en uno solo al Gran Oriente e Brasil, reconociendo como Gran Maestro y Soberano Gran Comandante a José Cardoso, y el reconocimiento de sus grados en REAA, el RF y el Rito Adonhiramita. En 1909 comenzaron arreglos en el Gran Oriente que culminaron con convertirse al sistema anglosajón, contando con su "reconocimiento", así vio terminado en el siglo XX la practica del RF, hasta su aparición a finales de siglo.

REENCONTRANDO LA HERENCIA DEL RF

Al parecer el Rito Francés se negaba a desaparecer y el 12 de enero de 1986 se fundó Gran Logia de Arquitectos de Acuario, con reconocimiento de muchas potencias de su país, el Derecho Humano y la Gran Logia de Italia. En sus logias fundadoras, se recreó la Logia Urania Nº 11 la cual había sido la primera en practicar el RF. Todas sus 19 logias obligatoriamente practican el REAA y el RF, y tiene 7 Logias en Ecuador. Se incorporo a CLIPAS en 2005.

COLOMBIA

En sus orígenes con una arraigada tradición en el REAA y los sistemas anglosajones.

Hasta el año principios de este nuevo siglo, el GOLA, autorizó una Logia llamda"Fraternidad Lauterina" Nº 33 practicante del RF, y un Triángulo en Santa Marta. El 27 de marzo de 2007 en Barranquilla, se formó la Federación Colombiana de Logias Masónica, obteniendo su carta patente del GODF, para trabajar el RF, en el simbolismo y sus altos grados. Por otra parte a sus logias les da permiso de trabajar, tanto en forma masculina, femenina o mixta. Entre sus miembros más reconocidos se encuentra Iván Herrera Michel, el cual escribió la *Historia de la Masonería*, uno de los pocos documentos en castellano con un gran rigor histórico. Es vicepresidente de CLIPSAS para el periodo 2007-2010. En su Blog "Pido la Palabra" ha escrito durante años artículos y reseñas esclarecedoras acerca de la francmasonería.

CHILE

Algunos escritos aseguran que la primera logia en este país, la estableció el general José de San Martin, en Santiago, el 13 de marzo de 1813, aunque algunos autores coinciden que la fundación de las Logias Lautarianas estuvieron presentes con diversos nombres desde 1810. Entre otros documentos curiosos se establece el establecimiento de una Logia practicante del REAA el 15 de marzo de 1827, pero muchos dudan de la veracidad del documento, por su pronta extinción. Tuvo que pasar hasta 1850 hasta que un ciudadano francés, llamado Gent, el cual había pasado por Nueva Caledonia, se asentaría en Valparaíso, Chile. Aquí fundó junto con otros masones la Logia "Etoile du Pacifique", que después de varios meses por la lejanía con el GODF, obtuvo una carta patente para trabajar en el REAA y fundarse la Gran Logia de Chile (GLDC). En 1862 con los problemas en el GODF por la imposición del mariscal Magnan, la GLDC realiza los trámites para independizarse. De este momento en adelante la hegemonía ritual se centraría en el REAA, el Rito de York, a causa de las Logias alemanas, y en menor medida el Rito de Memphis.

EXTRAÑO REGRESO DEL RITO FRANCÉS

Tras el genocidio ocurrido en Chile a partir del 11 de Septiembre de 1973 durante la dictadura de Augusto Pinochet, numerosos chilenos fueron forzados al exilio, entre ellos numerosos francmasones que fueron recibidos de la mejor forma fraternal por el GODF. Con carta patente de esta obediencia, las Logias "Lautaro" Nº 1 de Paris, "Janus" Nº 2 en Estocolmo y "Presidente Allende" Nº 3 en Copenhague formaron el Gran Oriente de Chile en el Exilio el 21 de junio de 1984, practicando el RF. En su segunda asamblea en Copenhague en Agosto de 1985 se formó el Gran Oriente Latinoamericano (GOLA), solicitando el mismo año su ingreso a CLIPSAS. En 1987 regresaría la primera Logia a Chile, "Chanale Che Mapu" Nº 5. Al regresar la democracia a Chile, en

1990, se forman tres nuevas logias, Salvador Allende Nº 10, Ngüne-chen Nº 21 y Edgardo Enriquez Frooden Nº 38. Se forman Regiones para la administración de la obediencias las cuales son: Escandinavia, Región Europa Sur, Mexamérica, del Plata, Ecuatorial, Austral y los Triángulos Talca y San Pedro de la Paz.

En 1996 es el año que se relata de las primeras creaciones de los rituales del GOLA, del Rito Francés, el cual fue la única referencia por muchos años de este rito en habla hispana, sirviendo como referencia para múltiples logias hispano-parlantes. Pero también se heredaron interpretaciones erróneas, al adaptarse el RF, a una cuestión latinoamericana permeada con usos del REAA.

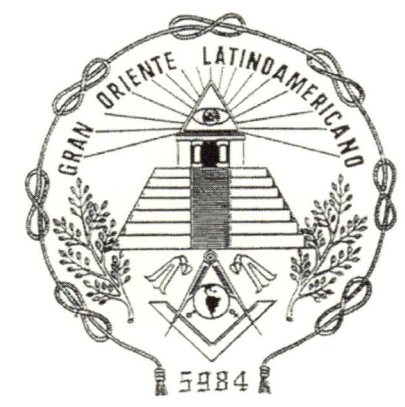

El año 2000 cuando se da patente a la Logia "Género Humano Nº 31", se modificaron los estatutos generales para permitir la práctica a las logias del GOLA al REAA, aunque en la generalidad todas practican el RF. En los últimos años, el GOLA ha sido opacado por la labor del GOFMU, y muchos de sus integrantes han comenzado hacer un claro proselitismo, promocionando la doble afiliación y las bondades de practicar el RF del GOLA.

Escudo del GOLA

ECUADOR

En el 2007 se fundó el Gran Oriente del Ecuador y su Gran Capitulo del Rito Francés (RF), obteniendo sus patentes por el GODF. Las Logias que practican el RF, son "Libertad de Conciencia Nº 1", "Marieta de Veintimilla Nº 3" (primera Logia femenina del Ecuador) y "Leonardo da Vinci Nº 4". En Julio del 2009 tuvo la visita del Gran Maestro del GODF Pierre Lambicchi.

GUAYANA FRANCESA

En 1870 se funda la Logia "La France Equinoxiale 93" por parte de la Gran Logia de Francia, sería el primer paso a una expansión del REAA en la región que nunca se interrumpiría. En 1914 se forman acuerdos entre la GLDF y el GODF, haciendo posible la instauración de Logias del GODF y la entrada del Derecho Humano a la región. Actualmente de las 18 logias del GODF en la región, desconocemos cuál de ellas practica el RF. Por su parte la Gran Logia Nacional francesa tiene una Logia llamada "Les Portes de l'Amazonie" que practica dicho rito.

PARAGUAY

Entre 1866 y 1870 existían diferentes Logias trabajando en francés e italiano, pero no existe conocimiento si practicaban el RF. En 1871 se funda el Gran Oriente y Supremo Concilio de Paraguay, trabajando en el REAA.

Perú

La francmasonería se introdujo al territorio en 1807 durante la invasión francesa, generándose muchas logias que trabajan en el RF. Posteriormente al independizarse, las logias sobrevivientes de habla hispana se adhirieron al Gran Oriente de Colombia. Tomando fuerza las logias de Venezuela, Colombia y de Estados Unidos, creando la hegemonía del REAA. El 24 de Junio del 2005 se funda Gran Logia Constitucional del Perú en su capital Lima. Aunque no practica el RF, se ha inscrito a CLIPSAS, y maneja una corriente liberal. En mayo del 2009 recibió al Gran Maestro del GODF Pierre Lambicchi, firmando tratados de amistad y colaboración mutua.

Uruguay

La francmasonería llega con los nuevos pobladores inmigrantes, estableciéndose el 27 de agosto de 1828 la Logia "Banda Oriental" con patente del GODF. Posteriormente se crearían en 1841 en Montevideo "Les Amis de la Patrie". Al parecer en 1867 este cuerpo ceso actividades por la discriminación que fue objeto por las grandes logias mayoritarias del país, aunque existen francmasones que claman que su existencia permaneció de forma discreta hasta los años cincuentas. No existen datos precisos para saber si practicaban el RF, pero por los comentarios de sus antagonistas, puede ser muy posible, al tildarlos de ateos.

Reconstruyendo

Desde 1990 diferentes francmasones de Europa y América Latina en Uruguay sintieron dificultades para afiliarse o ingresar a la Orden Francmasónica, por los vetos tradicionales de las Grandes Logias autoproclamadas como "regulares". Se comenzaron a reunir para en 1994 crear el Triangulo y posteriormente Logia "Librepensadores". En 1997,

Escudo del GOFMU

los Talleres "José Garibaldi" y "Armonía"; en 1998 "Fraternidad", en 1999 "José Miguel Carrera". El 10 de diciembre de 1998 se crea la asamblea que constituyo la fundación del Gran Oriente de la Francmasonería Mixta Universal (GOFMU). Practicando el REAA y el RF. El 28 de junio de 1999 el poder ejecutivo de la República Oriental del Uruguay otorga la personalidad jurídica de Asociación civil. En el 2002 fue de los miembros fundadores de la Confederación Interamericana de Masonería Simbólica – CIMAS, de la cual ejerce la Presidencia por el

período 2007 - 2009. Recibió Carta Patente del Gran Oriente de Francia en el año 2007. El GOFMU está integrado en CLIPSAS desde mayo del 2008. El trabajo de esta potencia ha resaltado desde hace años, y en muchas ocasiones ha resaltado el Hermano Elbio Laxalte Terra, por su labor incesante en la promoción de la francmasonería liberal. En los últimos años el GOFMU ha

De derecha a izquierda: Jean Michel Quillardet, Gran Maestro del Gran Oriente de Francia, Elbio Laxalte Terra, Gran Maestro del GOFMU de Uruguay, Myriam Tardugno, Ex Gran Maestra del GOFMU de Uruguay, Rui Lopes, Encargado de la Relaciones Internacionales

apoyado a múltiples potencias de América, como es el caso del Gran Logia Mixta Universal, de Quintana Roo, México.

VENEZUELA

En este país también la hegemonía de anglosajona ha estado presente, solo existe un dato de una logia llamada "Les Philadelphes" Nº 15, con patente del Supremo Concilio de Francia en 1858. Tuvo que que esperar hasta el 30 de Abril del 2005, para que se fundara el Gran Oriente Simbólico Femenino de Venezuela, practicante del RF, con las Logias "América" en Mérida, "Despertar" en Barquisimeto" y "Puerta del Sol" en Caracas con patente de la Gran Logia Femenina de Francia.

LITERATURA ACERCA DEL RITO FRANCÉS EN AMÉRICA

Tanto en idioma inglés como en castellano podemos encontrar referencias en los diferentes diccionarios enciclopédicos al Rito Francés. Pero si hablamos de forma ritual la bibliografía es sumamente escasa, y más de la nativa del continente.

Entre los primeros ejemplos históricos de su mención ritual, se encuentra una versión de 1822 de parte de "un caballero de la Logia Jerusalén", llamada "Jachin y Boaz ó una "Llave Autentica para la Francmasonería Antigua como Moderna". Traducido al Castellano por Eduardo Barry, en una fecha desconocida. Esta obra editada en un tamaño de bolsillo, y visto en varios países más como una curiosidad, contiene referencias directas al Rito Francés, cuadros de grado, y cuestiones específicas de los Ritos Antiguos. La traducción en algunas partes es muy deficiente, con múltiples fallos ortográficos.

JACHIN Y BOAZ;

ó

UNA LLAVE AUTENTICA

PARA LA PUERTA DE

FRAMASONERIA,

TANTO ANTIGUA, COMO MODERNA,

CALCULADA NO SOLAMENTE PARA LA INSTRUCCION DE TODO MASON NUEVAMENTE HECHO; PERO TAMBIEN PARA LA INFORMACION DE TODOS LOS QUE QUISIEREN ENTRAR EN LA HERMANDAD.

ILUSTRADA

CON UN PLAN EXACTO DEL DIBUJO SOBRE EL SUELO DE UNA GRAN LÓGEA, Y CON NOTAS Y OBSERVACIONES NECESARIAS PARA ES PLICAR TODO AL ENTENDIMIENTO MAS INFERIOR.

POR UN CABALLERO DE LA LÓGEA DE JERUSALEM.

TRADUCIDA AL ESPAÑOL
POR
EDUARDO BARRY.

FILADELFIA:
DE LA IMPRENTA DE H. C. CAREY Y I. LEA.
Año de 1822.

Jachin y Boaz

EL MANUAL DE CASSARD

En el continente americano, en general en sus inicios, existían pocos rituales traducidos en habla hispana, y en gran medida las propias Logias realizaban sus traducciones, muchas veces con poco rigor y tomándose libertades a su antojo. El ejemplo más destacado de estas inexactitudes se encuentra en "El Manual Masonería. O sea "El Tejador de los Ritos Antiguo Escocés, Francés y de Adopción" de Andres Cassard. Nueva York. 1871". Durante más de un siglo este manual ha sido criticado duramente, por sus amplias confusiones rituales, prejuicios y exageración de los poderes de los altos grados, confiriéndoles poderes cuasi divinos y dictatoriales para la administración masónica.

En la parte donde habla del RF, menciona que fue dirigido por Felipe de Orleans, tomando "la máscara de Mason y Republicano", esta aseveración es repetida hasta nuestros días, de forma ignorante por muchos masones, que hablan que el RF, se distingue por ser Republicano, por ende para ellos visto como materialista, ateo y con falta de espíritu masónico.

La explicación que hace acerca del génesis del Rito Francés y su constitución de altos grados, es irrisoria, según Cassard, todo fue a causa de que Felipe de Orelans, temiendo a los hermanos de grado 33 del REAA, anuló los 15 últimos grados y los 18 restantes y los redujo a 7. Así sus enemigos de grados superiores, jamás podrían llegar hasta el 18, de forma textual se puede leer: "Secundaron esta reforma, pues

Manual de Cassard

[86]

vieron en ella el medio de ascender prontamente sin mucho estudio, ni trabajo, al grado más elevado. Los militares abrazaron la reforma con avidez, pues no tenían que sufrir treinta y tres iniciaciones para llegar al objeto de su aspiración. Por el poder del oro, que se distribuyó con profusión con el objeto de llevar a cabo Felipe su proyecto, se fue propagando el Rito Francés por doquier que penetraban las armas francesas, hasta que llego a radicarse en Francia, siendo el más generalizado en aquel país."

Cuando revisamos la instrucción y rituales, podemos encontrar errores garrafales, de interpretación y traducción, que en su misma secuencia se puede notar sus conceptos contradictorios y falta de conocimiento.

TRADUCCIONES CON ESPÍRITU DEL RITO FRANCÉS

Entre las huellas y pistas del RF, destacan los manuales de Oswald Wirth, traducidos a principios de 1900 por la Gran Logia de Chile, con autorización del autor. Estos manuales explican que fueron modificados para su entendimiento en el REAA, por las diferencias rituales que podrían ser confusas con la práctica de Wirth en el RF. Entre otras referencias del RF en castellano, están los escritos de: Jean Marie Ragon, René Guénon, Jean Palou y Jacq Christian. En algunos otros libros como el "Satán y Cia"de Pablo Rosen y el "Libro Negro de la Francmasonería" de Serge Raynaud de la Ferriere se hacen algunas referencias, aunque basadas en su mayoría en el Manual de Cassard.

DATOS DE ENCICLOPEDIA

De las obras más completas en general en lengua hispana, destaca el Diccionario Enciclopédico de la Masonería, de Lorenzo Frau Abrines, Rosendo Arús y Arderiu y Luis Almeida Villalar, publicado en 1977, por la Editorial del Valle de México. En su Tomo 5, dedicado a Nociones Generales sobre la Francmasonería, se citan los rituales y puntos de instrucción del RF y sus altos grados. En gran parte su exactitud es mucho mayor que del Manual de Cassard, aunque existen algunas confusiones rituales.

Entre 2008 y 2009 lleó a las librerías comerciales de Latinoamérica, el "Diccionario Masónico del Gran Oriente de Francia", por Ediciones

Obelisco, de España. Un documento histórico teniendo en sus páginas la instrucción de los grados simbólicos del RF, y los altos grados.

INTERNET EL CONOCIMIENTO SIN FRONTERAS

Este medio ha sido crucial para obtener múltiples referencias en habla hispana sobre el Rito Francés, en su mayor parte proveniente de España y producidas por distintos masones de este país, que se han dado a la tarea de dar a conocer el Rito Francés. Por otra parte los traductores en línea y de mucha paciencia también ha sido una herramienta eficaz para encontrar textos, rituales y referencias en otros idiomas. Resalta la importancia de poder dar un vistazo a innumerable información tanto ritual, como la organización de las potencias que practican el Rito Francés, la cual ha sido en un alto grado desconocida por la apatía de las mismas de mirar al otro lado del mar.

En este sentido destacan los blogs de los masones Victor Guerra y Joaquin Villalta: Rito Francés http://www.ritofrances.es/ y Racó de la Llum http://racodelallum.blogspot.com/. ⚜

BIBLIOGRAFÍA

Dudley Wright, J. Edward Allen. *Gould´s History of Freemasonry. Thorughout the word*. 1936. Charles Scribner´s Sons. Estados Unidos de América.

Lorenzo Frau Abrines, Rosendo Arús y Arderiu y Luis Almeida Villalar. *Diccionario Enciclopédico de la Masonería*. 1977. Editorial del Valle de México.

Odo Georges, *La Francmaconnerie dans les Colonies Francaises 1738-1960*.

Catherine Yronwode, *History of mixed-gender. Freemasonic lodges*, 1995.

Christian Jacq, *La Masonería: Historia e Iniciación*. Éditions Robert Laffont 1975. Martínez Roca. 2004.

Rituales de 1º, 2º y 3º Grado, Manual del Experto del GOLA. 1996-2001.

Iván Herrera Michel. *Historia de la Masonería*.

En Internet

http://masoneriaparatodos.blogspot.com/

http://francmasones.ning.com/

http://racodelallum.blogspot.com/

http://www.ritofrances.es/

http://www.gomasons.org/

http://ritofrances.blogspot.com/

http://lacantera.es/joaben/

http://www.gofmu.org/

http://www.godf.org/

http://www.gldf.org/

http://www.logenationalefrancaise.org/

http://www.glff.org/

http://www.glada.org.br/

http://www.granorientelatinoamericano.org/portal/

http://usuarios.lycos.es/gola/

http://www.ritonacionalmexicanoac.com/

http://www.lafayette10.org/

http://ivanherreramichel.blogspot.com/

APROXIMACIÓN BIBLIOGRÁFICA PARA CONOCER EL RITO FRANCÉS

REDACCIÓN

CHANTS MAÇONNIQUES DES HAUTS GRADES
Un bello libro que viene acompañado de CD con Canciones Masónicas que se cantaban en las Órdenes de Sabiduría (Altos Grados del RF) y que podemos encontrar editado por Ediciones VEGA.
(en francés)

PHILOSOPHIES ET IDÉOLOGIES MAÇONNIQUES
El número 6 de la Revista 66 de *La Pensée et les Hommes*. Recoge una parte importante de las Actas del coloquio Internacional celebrado en Noviembre del 2003, en la cátedra «Théodore Verhaegen» consagrado tal encuentro a las «Philosophies et idéologies maçonniques». En el cuaderno podemos encontrar diversas colaboraciones de autores y temas con trabajos como los de Luc NEFONTAINE, Charles PORSET, Andrew PRESCOTT, Cécile RÉVAUGER, Ludovic MARCOS etc...
(en francés)

HISTOIRE DE LA FONDATION DU GRAND ORIENT DE FRANCE
de Claude-Antoine Thory
Estamos ante un facsímil de la Memoria Justificativa de la Fundación del Gran Oriente de Francia, realizada por del masón Bres de la Chaussére (1773). Dicha edición cuenta con una introducción importante e interesante. Ha sido editada por Ediciones SLATKINE.
(En francés)

THUILEUR DE L'ECOSSIME DEF. H. S. DELAULNAYE, 1813-1820
Edición crítica con la presentación de documentos inéditos recogidos por CLAUDE RÉTAT.
Este «tuileur» contiene los siete grados de la masonería, según el régimen del Gran Oriente de Francia, además de los trece grados de la antigua masonería «adonhiramita» y el sistema de la generación universal de las doctrinas simbólicas.
(en francés)

RECUEIL DES TROIS PREMIERS GRADES DE LA MAÇONNERIE - APPRENTI, COMPAGNON, MAÎTRE, AU RITE FRANÇAIS 1788
Interesante trabajo sobre los Tres primeros grados de Rito Francés de 1788 con un interesante prefacio de Pierre Mollier. Editions A l´Orient.
(en francés)

SYMBOLISME ET FRANC-MAÇONNERIE
de Jean-Charles Nehr
Esta publicación de Jean-Charles Nehr es de una modernidad aplastante y más en los momentos en que se trabaja en muchas ocasiones dentro de las logias con una simbolatría oscurantista. Nehr considera el símbolo como una herramienta y por tal nos propone un análisis interesante sobre el simbolismo en el seno de la logia. Editions A l´Orient.
(en francés)

HISTOIRE DU RITE FRANÇAIS AU XIX° SIÈCLE. (T I) HISTOIRE DU RITE FRANÇAIS AU XIX° SIÈCLE. (TII)
de Ludovic Marcos
Libros imprescindibles para conocer el Rito Francés
Editados los libritos por EDIMAF
(en francés)

RITE FRANÇAIS 1801
de Joseph Casteli
En este texto se recogen los tres primeros grados del RF y las cuatro Órdenes Superiores según el texto de 1783 y editado por Ediciones Maçonniques.
(en francés)

LE RITE FRANÇAIS, TOMO 1 Y 2
de Hervé Vigier
Aproximación histórica al Rito Francés, en cuyos textos se busca el origen de rito siempre actual y vivo, dentro del contexto histórico de la sociedad europea del siglo XVIII. Esta es una de las referencias bibliográficas básicas para entender las contaminaciones entre el Rito Francés y los ritos escocistas.
Hervé Vigier es un buen divulgador del RF, aunque a veces da por sabidas cuestiones que para el público español necesita otro tipo de razonamiento. Editado por TELETES
(en francés)

RITE FRANÇAIS DU PREMIER GRADE AU V° ORDRE
Cuaderno R NUMÉRO 2 DE la ASSOCIATION DES AMIS DE RO-
GER GIRARD
Forma parte de la trilogía de libros básicos de RF en donde in-
terviene Hervé Vigier en la primera pate se entra a describir los
grados simbólicos y la segunda parte del libro se describen los
Altos Grados, abordando en la tercera y última parte del libro el
tema de V° Orden de Rito Francés. Editado por TELETES.
(en francés)

DE LA SYMBOLIQUE DES CHAPÎTRES EN FRANC-MAÇONNERIE
de Irene MAINGUY
Aunque se trata más bien un trabajo enfocado a los grados Capitulares de REAA, no está demás su consulta, por toda la recopilación que realiza de otros autores ya clásicos.
Editado por Ediciones DERVY

POUR MÉMOIRE: LES GRADES DE SAGESSE
de Roger Dachez, Ludovic Marcos, Pierre Mollier
Prestigiosos autores de la talla de Dachez, Marcos y Mollier, algunos de ellos presentes en esta Revista como colaboradores,
presenta esta historia del Capítulo General de Rito Francés
«Grand Chapitre Général du Grand Orient de France» constitu-
yendo toda una obra de referencia para conocer el RF y el Gran
Capítulo General. Editado por Editions A L'ORIENT
(en francés)

LA RENAISSANCE DU RITE FRANÇAIS TRADITIONNEL
Obra dirigida por quien fuera Supremo Comendador y Fundador del Gran Capitulo General de la Gran Logia Nacional de
Francia. Roger Girard . Editado por TELETES.
(en francés)

Ad Majorem G.·. O.·. D.·. F.·. Gloriam
de Jacques-Georges Plumet
La admirable pluma de Jacques Georges Plumet, actual Grand
Vénérable du Grand Chapitre Général du Grand Orient de
France Rite Français, describe en este pequeño cuaderno de
apenas 62 páginas el desarrollo y la intensidad del Rito Francés
en los Grados de Sabiduría. Es una obra imprescindible. Editado
por Editions A l'ORIENT
(en francés)

LE RÉGULATEUR DU MAÇON
de Pierre Mollier
Estamos ante una obra capital como es la fijación de los Grados Simbólicos del Rito Francés historia, documentos, etc. El libro se compone de tres partes. En la primera se habla de la historia de los Rituales hasta el siglo XVIII y en particular sobre la fijación de Rito por el GODF, en la segunda parte se aporta el facsímil de los tres primeros grados, y en la tercera se habla de la autencidad tradicional de los rituales simbólicos del GODF y del Regulateur en particular.
Editado por Editions A L´ORIENT
(en francés)

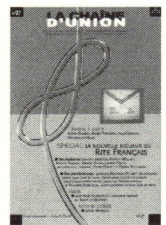

CHAÎNE D'UNION
Revista Nº 137 del Gran Oriente de Francia dedicado por exclusiva al Rito Francés.
Editada por el Gran Oriente de Francia.
(en francés)

masonica.es

Catálogo editorial 2010

masonica.es

masonica.es

masonica.es edita, publica y distribuye libros en papel y formato digital sobre la francmasonería. Nuestras colecciones reúnen obras de verdadero interés para el masón, el investigador, el estudioso y toda aquella persona que se interese por esta inmensa obra de construcción humana.

Nuestro catálogo está formado por seis series en las que se engloban y clasifican todo tipo de obras relacionadas con la francmasonería:

RITUALES (Serie Blanca)	Nuestros libros más importantes: los rituales masónicos.
AUTORES CONTEMPORÁNEOS (Serie Roja)	Libros de autores masones contemporáneos (siglo xx en adelante).
TEXTOS HISTÓRICOS Y CLÁSICOS (Serie Azul)	Toda una serie de textos históricos y autores masones clásicos (antes del siglo xx).
LIBROS PRÁCTICOS (Serie Verde)	Libros prácticos: los manuales más especializados para la praxis masónica.
LITERATURA (Serie Amarilla)	Obras literarias de los masones (poesía, novela, etc.).
EDICIONES FACSIMILARES (Serie Marrón)	Obras facsimilares de todos los tiempos sobre la francmasonería.

Para los masones y las Logias de todo el mundo disponemos de una prestación única: el servicio *¡PERSONALIZADO!* Con él editamos profesionalmente e imprimimos en todo tipo de soportes, con un estilo masónico verdaderamente original, cualquier tipo de trabajo, como rituales, recopilaciones de planchas, memorias de cursos masónicos, manuales de instrucción masónica y, en general, cualquier obra impresa en forma de libro, folleto o material de papelería que las Logias puedan desear tener personalizado con su propia imagen corporativa.

Todo ello aquí, en el sitio web para masones, masonica.es

RITUALES: ¡nuestros libros más valiosos!

Las mejores ediciones de todos los Rituales Masónicos: revisados, contrastados, actualizados, sin errores ni erratas... ¡versiones perfectas de cada Ritual!

La fuente de documentación ritualística más fiable de todo el mercado internacional. Por fin, ¡los rituales masónicos al alcance de todos los masones en ediciones profesionales!

Edición impresa

Rito Escocés Antiguo y Aceptado
Rituales y Ceremonias Oficiales
Primer Grado (Aprendiz Masón)
Colección: Serie Blanca
1ª edición, 2009
Páginas: 204
Medidas: 180 x 120 mm
Encuadernación: tapa blanda
PVP: 20 €
(Precio para logias: 12 €)

[No existe edición digital]

Edición impresa

Rito Escocés Antiguo y Aceptado
Rituales y Ceremonias Oficiales
Segundo Grado (Compañero Masón)
Colección: Serie Blanca
1ª edición, 2009
Páginas: 146
Medidas: 180 x 120 mm
Encuadernación: tapa blanda
PVP: 20 €
(Precio para logias: 12 €)

[No existe edición digital]

Edición impresa

Rito Escocés Antiguo y Aceptado
Rituales y Ceremonias Oficiales
Tercer Grado (Maestro Masón)
Colección: Serie Blanca
1ª edición, 2009
Páginas: 216
Medidas: 180 x 120 mm
Encuadernación: tapa blanda
PVP: 20 €
(Precio para logias: 12 €)

[No existe edición digital]

RITUALES: ¡nuestros libros más valiosos!

Las mejores ediciones de todos los Rituales Masónicos: revisados, contrastados, actualizados, sin errores ni erratas... ¡versiones perfectas de cada Ritual!

La fuente de documentación ritualística más fiable de todo el mercado internacional.Por fin, ¡los rituales masónicos al alcance de todos los masones en ediciones profesionales!

Edición impresa

Rito de Emulación
Rituales y Ceremonias Oficiales
Primer Grado (Aprendiz Masón)
Colección: Serie Blanca
1ª edición, 2009
Páginas: 164
Medidas: 180 x 120 mm
Encuadernación: tapa blanda
PVP: 20 €
(Precio para logias: 12 €)

[No existe edición digital]

Edición impresa

Rito de Emulación
Rituales y Ceremonias Oficiales
Segundo Grado (Compañero Masón)
Colección: Serie Blanca
1ª edición, 2009
Páginas: 140
Medidas: 180 x 120 mm
Encuadernación: tapa blanda
PVP: 20 €
(Precio para logias: 12 €)

[No existe edición digital]

Edición impresa

Rito de Emulación
Rituales y Ceremonias Oficiales
Tercer Grado (Maestro Masón)
Colección: Serie Blanca
1ª edición, 2009
Páginas: 144
Medidas: 180 x 120 mm
Encuadernación: tapa blanda
PVP: 20 €
(Precio para logias: 12 €)

[No existe edición digital]

RITUALES: ¡nuestros libros más valiosos!

Las mejores ediciones de todos los Rituales Masónicos: revisados, contrastados, actualizados, sin errores ni erratas... ¡versiones perfectas de cada Ritual!

La fuente de documentación ritualística más fiable de todo el mercado internacional.Por fin, ¡los rituales masónicos al alcance de todos los masones en ediciones profesionales!

Edición impresa

Ceremonia de Honras Fúnebres
Ceremonia del Recuerdo
Rituales y Ceremonias Oficiales
Colección: Serie Blanca
1ª edición, 2009
Páginas: 72
Medidas: 180 x 120 mm
Encuadernación: tapa blanda
PVP: 12 €
(Precio para logias: 9 €)

[No existe edición digital]

Edición impresa
Autor: Ignacio Méndez-Trelles Díaz
Título: Textos Fundamentales de la Masonería
Colección: Serie Roja
1ª edición, 2009
ISBN: 978-84-936941-0-4
Depósito Legal: SE-3079-2009
Páginas: 388
Medidas: 210 x 140 mm
Encuadernación: tapa blanda
PVP: 18 €

Edición pdf
1ª edición, 2009 (PDF)
ISBN: 978-84-937078-7-3
Páginas: 388
Tamaño: 2.396 Kb
PVP: 9 €

TEXTOS FUNDAMENTALES DE LA MASONERÍA
IGNACIO MÉNDEZ-TRELLES

Los textos que todo masón debe conocer reunidos en un solo volumen, con un estudio preliminar y las reseñas bibliológicas de más de 100 documentos antiguos.

¡Una recopilación definitiva y cuidadosa de los Antiguos Deberes!

Los documentos históricos más antiguos que sirven para articular y comprender la Francmasonería se conocen como *Old Charges* o «Antiguos Deberes». A través de su estudio, hoy podemos trazar una línea continua histórica que une la masonería «especulativa» actual con su predecesora, la «operativa», sirviendo de prueba palpable sobre la estrecha vinculación de ambas. Junto con un interesante estudio preliminar sobre este tipo de documentos y una completa reseña bibliológica, en este volumen se recogen los textos íntegros de los veintitrés documentos considerados más importantes al día de hoy para el estudio y la comprensión de esta transición que hizo pasar de los elementos físicos de la construcción, el mazo, el cincel, la escuadra, la plomada..., a la Construcción filosófica, ética y moral conocida —o desconocida, tal vez— de un modo genérico como «Francmasonería».

Con esta recopilación, se pone al alcance del estudioso, el investigador y hasta el curioso, todo un material ampliamente distribuido ya por Internet, pero tremendamente desperdigado y, a menudo, incompleto y hasta manipulado.

Índice

Edición impresa
Autor: Javier Otaola
Título: Fragmentos de un discurso masónico
Colección: Serie Roja
1ª edición, 2009
ISBN: 978-84-937078-4-2
Depósito Legal: SE-3039-2009
Páginas: 222
Medidas: 210 x 140 mm
Encuadernación: tapa blanda
PVP: 15 €

Edición pdf
1ª edición, 2009 (PDF)
ISBN: 978-84-937078-7-3
Páginas: 222
Tamaño: 2.223 Kb
PVP: 9 €

FRAGMENTOS DE UN DISCURSO MASÓNICO
Javier Otaola

La iniciación no es lo que corrientemente se supone ser. Todos los Masones están familiarizados con la forma ceremonial de la Iniciación; pero en realidad ésta no es sino un simbolismo externo de un trabajo interno, que debiera realizarse dentro de cada ser humano buscando la versión más genuina de sí mismo. Una persona puede haber recibido los grados de la Logia Azul, puede honrar esa Logia, y, sin embargo, puede quedarse en la superficie de las cosas y desconocer por completo el método simbolizado en estos tres grados para llegar al centro de su propio ser. Ese itinerario hacia el centro de nosotros mismos es la tarea permanente de todos los seres humanos, en todos los tiempos y la prenda misma de nuestra humanidad.

Edición impresa
Autor: Iván Herrera Michel
Título: El Escocismo Masónico
Colección: Serie Roja
1ª edición, 2009
ISBN: 978-84-937078-7-3
Depósito Legal: SE-3580-2009
Páginas: 176
Medidas: 210 x 140 mm
Encuadernación: tapa blanda
PVP: 15 €

Edición pdf
1ª edición, 2009 (PDF)
ISBN: 978-84-937078-9-7
Páginas: 176
Tamaño: 1.494 Kb
PVP: 9 €

EL ESCOCISMO MASÓNICO
IVÁN HERRERA MICHEL

Historia del Rito Escocés Antiguo y Aceptado y de sus Supremos Consejos. UNA PERSPECTIVA HISTÓRICA.

A simple vista los Masones son hombres y mujeres como los otros, sin nada en particular que los diferencie de los demás salvo que en algunos casos se distinguen por su posicionamiento personal frente a los dogmas o en que proclaman el universalismo de sus ideas. Tampoco han funcionado nunca como un cuerpo doctrinal único ya que obligatoriamente han estado influenciados por el espíritu de los tiempos en lo cultural, lo religioso, lo económico y lo político, y a veces por irreconciliables querellas. En cualquiera de sus variantes, los Masones tienen en común que cuando se reúnen siguen un derrotero secuencial de estadios temáticos a los que llaman "Grados". El encadenamiento en un solo cuerpo de estos Grados se denomina "Rito", y en los últimos tres siglos se han articulado muchos, entre ellos el llamado "Rito Escocés Antiguo y Aceptado" que es el de mayor cobertura geográfica en el mundo.

He aquí una historia documentada de su desarrollo histórico en dos siglos.

Índice

Edición impresa
Autor: Reuben Swinburne Clymer
Título: El Misticismo de la Masonería
Colección: Serie Roja
1ª edición, 2008
ISBN: 978-84-936941-1-1
Depósito Legal: M-26314-2009
Páginas: 136
Medidas: 210 x 140 mm
Encuadernación: tapa blanda
PVP: 14 €

Edición pdf
1ª edición, 2009 (PDF)
ISBN: 978-84-937392-4-9
Páginas: 136
Tamaño: 1.063 Kb
PVP: 9 €

EL MISTICISMO DE LA MASONERÍA
Reuben Swinburne Clymer

La gran mayoría de los Masones sonríen con desdén cuando se usa, el término «Ciencia Oculta» con respecto a los Misterios; pero, a pesar de todo, si no hubiese sido por las Fraternidades Ocultas, la Masonería no habría existido. La Doctrina Secreta fue la religión difundida universalmente entre los Antiguos.

Prueban su difusión, los anales auténticos de la historia, una cadena completa de documentos que muestran su carácter y presencia en todas las regiones, junto con las enseñanzas de sus grandes Adeptos, que existen hasta hoy en las criptas secretas de librerías pertenecientes a las Fraternidades Ocultas, entre los cuales debe agradecérsele más que a cualquier otra, a la verdadera Fraternidad Rosa-Cruz, por haber guardado intactos los escritos secretos y Sagrados.

Aunque se persiguió individualmente a muchos miembros de esta Fraternidad, en muchas partes y durante todos los siglos, la Orden, como tal, ha continuado sin interrupción.

Edición impresa
Autor: Víctor Guerra
Título: La Masonería del Oriente de Asturias
Colección: Serie Roja
1ª edición, 2009
ISBN: 978-84-937392-0-1
Depósito Legal: SE-4247-2009
Páginas: 416

Medidas: 210 x 140 mm

Encuadernación: tapa blanda
PVP: 19 €

Edición pdf
1ª edición, 2009 (PDF)
ISBN: 978-84-937392-3-2
Páginas: 416
Tamaño: 2.833 Kb
PVP: 9 €

La Masonería del Oriente de Asturias

Víctor Guerra

La masonería del Oriente de Asturias es una investigación profunda que ha querido rastrear toda la membresía masónica que se ha dado en el Oriente de Asturias, bien porque hubo talleres en tal demarcación territorial o porque los oriundos de tal comarca trabajaron en logias asturianas ubicadas en el centro de la región, o fuera de ella.

Se trata de un estudio en profundidad que arroja la pertenencia a la masonería, tanto del siglo XXI como del XX, de más de 500 miembros, algunos de los cuales ven desarrolladas sus biografías masónica y existencial. En esta obra se pueden leer y conocer las vidas de Rafael Zapatero, Braulio Vigón, Cesáreo del Valle Junco o Salvadora Rodríguez Vigón, hombres y mujeres casi anónimos que, sin embargo, tuvieron una importancia capital en sus logias y pueblos.

Pero el trabajo no se queda en Asturias, ni en la masonería, sino que da un salto cualitativo y substancial para aportar una larga lista de aquellos asturianos de la diáspora, la emigración del Oriente de Asturias que se dispersó entre Puerto Rico, Filipinas o Cuba y que trabajó en logias en dichos orientes. Toca también otros colectivos que tuvieron presencia en la zona como los teósofos, que tuvieron su presencia en Llanes.

Índice

Edición impresa
Autor: Helena Petrovna Blavatsky
Título: Los orígenes del Ritual en la Iglesia y en la Masonería
Colección: Serie Azul
1ª edición, 2008
ISBN: 978-84-936941-7-3
Depósito Legal: SE-3780-2009
Páginas: 94
Medidas: 210 x 140 mm
Encuadernación: tapa blanda
PVP: 12 €

Edición pdf
1ª edición, 2009 (PDF)
ISBN: 978-84-937392-9-4
Páginas: 94
Tamaño: 1.688 Kb
PVP: 8 €

LOS ORÍGENES DEL RITUAL EN LA IGLESIA Y EN LA MASONERÍA
HELENA PETROVNA BLAVATSKY

Aunque no se pueda recurrir al testimonio de la historia, es un hecho histórico —pues una gran cantidad de hechos relatados por los escritores de la antigüedad vienen a corroborarlo— que el ritual de la Iglesia y de la Francmasonería surgieron de la misma fuente y se desarrollaron paralelamente. En sus orígenes, la Masonería fue un gnosticismo arcaico o cristianismo primitivo; el ritual de la Iglesia era y es el de un simple y puro paganismo exotérico remodelado, ya que no podemos decir reformado.

––––––

Índice

Edición impresa
Autor: Albert Pike
Traductor: Alberto Moreno Moreno
Título: Moral y Dogma del Rito Escocés Antiguo y
Aceptado (Grados de Aprendiz, Compañero y
Maestro)
Colección: Serie Azul
1ª edición, 2009
ISBN: 978-84-937078-2-8
Depósito Legal: SE-3032-2009
Páginas: 170
Medidas: 210 x 140 mm
Encuadernación: tapa blanda
PVP: 15 €

Edición pdf
1ª edición, 2009 (PDF)
ISBN: 978-84-937078-3-5
Páginas: 176
Tamaño: 1.851 Kb
PVP: 10 €

MORAL Y DOGMA DEL RITO ESCOCÉS ANTIGUO Y ACEPTADO (GRADOS DE APRENDIZ, COMPAÑERO Y MAESTRO)

ALBERT PIKE

Traducción definitiva de un texto capital de la Masonería. Albert Pike recoge en Moral y Dogma las enseñanzas de los distintos grados del Rito Escocés Antiguo y Aceptado en un intento de retornar la Iniciación hacia sus contenidos originales así como de defender el compromiso individual con los valores masónicos.

Moral y Dogma ha sido de lectura obligada para todos los miembros de la Jurisdicción Sur de EE.UU. desde su edición en 1871 hasta 1974, año en que fue considerado "demasiado avanzado para ser útil al nuevo miembro".

_____

Índice

Edición impresa
Autor: Albert Pike
Traductor: Alberto Moreno Moreno
Título: Moral y Dogma del Rito Escocés Antiguo y
Aceptado (Logia de Perfección)
Colección: Serie Azul
1ª edición, 2009
ISBN: 978-84-937392-7-0
Depósito Legal: SE
Páginas: 210
Medidas: 210 x 140 mm
Encuadernación: tapa blanda
PVP: 15 €

Edición pdf
1ª edición, 2009 (PDF)
ISBN: 978-84-937392-8-7
Páginas: 210
Tamaño: 1156 Kb
PVP: 10 €

MORAL Y DOGMA DEL RITO ESCOCÉS ANTIGUO Y ACEPTADO (LOGIA DE PERFECCIÓN)

ALBERT PIKE

En los capítulos de *Moral y Dogma* correspondientes a la Logia de Perfección, Albert Pike se adentra en el simbolismo de los grados *inefables,* al tiempo que aborda la función de la Masonería como escuela de formación del ciudadano, desarrollando las enseñanzas morales y filosóficas que deben iluminar al masón en el desempeño de los distintos cargos públicos propios de una república constitucional y democrática. Igualmente analiza de qué forma el masón debe superar los errores ancestrales de los credos tradicionales para hallar la religión universal en la que todos los hombres pueden coincidir aunando Fe y Razón, y afirma el necesario compromiso de la Masonería en las causas sociales; pues ante todo, el masón que recibe estos grados debe ser un ejemplo a seguir por sus conciudadanos en la lucha por el Progreso Social.

_____

Índice

Edición impresa
Autor: Walter Leslie Wilmshurst
Traductor: Alberto Moreno Moreno
Título: El Santo Arco Real de Jerusalén
Colección: Serie Azul
1ª edición, 2009
ISBN: 978-84-937392-1-8
Depósito Legal: SE-4185-2009
Páginas: 112
Medidas: 210 x 140 mm
Encuadernación: tapa blanda
PVP: 12 €

Edición pdf
1ª edición, 2009 (PDF)
ISBN: 978-84-937392-2-5
Páginas: 112
Tamaño: 1.533 Kb
PVP: 10 €

EL SANTO ARCO REAL DE JERUSALÉN

WALTER LESLIE WILMSHURST

Única traducción al español del interesantísimo capítulo IV del libro The Meaning of Masonry, del profundo místico inglés Walter Leslie Wilmshurst, titulado «The Holy Royal Arch», y publicado en Londres en 1922.

¡Por fin una traducción de calidad al español sobre uno de los textos más importantes sobre el ARCO REAL publicados hasta la fecha!.

El Arco Real es la conclusión natural, y plenitud, del Tercer Grado. Podría decirse que el grado de Maestro Masón es representado, en términos de teología cristiana, por la fórmula «Sufrió, fue enterrado y se levantó de nuevo», mientras que el equivalente de la ceremonia de exaltación es «y ascendió a los Cielos». El grado del Arco Real persigue mostrar esa vida nueva e intensificada que el candidato puede alcanzar así como el exaltado grado de conciencia que conlleva. No se concibe alcanzar mayor nivel posible que aquel donde lo humano se une a la conciencia divina y conoce a la manera que Dios conoce. Y al ser ese el nivel que la Orden del Arco Real trata en sus ceremonias, se concluye que la Masonería, como sistema sacramental, alcanza su clímax y culminación en esa Orden.

Walter Leslie Wilmshurst

Índice

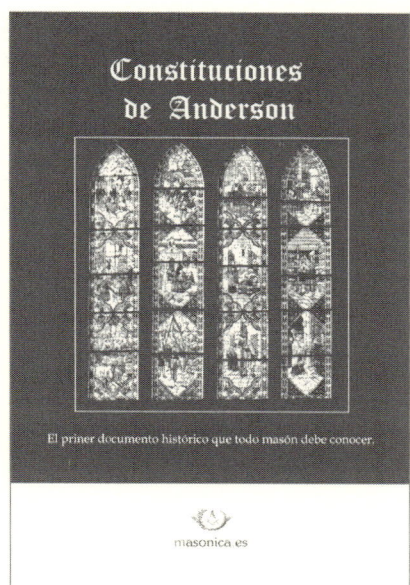

Edición impresa
Título: Constituciones de Anderson
Colección: Serie Azul
1ª edición, 2009
ISBN: 978-84-936941-6-6
Depósito Legal: M-23462-2009
Páginas: 68
Medidas: 210 x 140 mm
Encuadernación: tapa blanda
PVP: 9 €

Edición pdf
1ª edición, 2009 (PDF)
ISBN: 978-84-936941-5-6
Páginas: 68
Tamaño: 1.105 Kb
PVP: 6 €

CONSTITUCIONES DE ANDERSON

¡Un documento que todo masón debe conocer!

Redactadas por el pastor James Anderson y por Jean Théophile Désaguliers a petición del Gran Maestro de la Gran Logia de Inglaterra, el duque de Montagu, en 1721 y publicadas en 1723, las Constituciones de Anderson —en un principio conocidas como Manuscrito Anderson— marcan el punto de partida de la actual Masonería especulativa al establecerse en ellas por primera vez la condición de masón especulativo.

Las Constituciones de Anderson están consideradas como las Constituciones oficiales de la Masonería regular o anglosajona. Se trata de un documento completamente nuevo, es decir, no se limita a recoger los textos de otros manuscritos más antiguos. El texto, realmente el documento más importante de la Masonería, remonta los inicios de ésta al mismo momento de la Creación, con Adán de primer masón. Aquí encontramos por primera vez el término Gran Arquitecto del Universo para referirse al Ser Supremo o Creador.

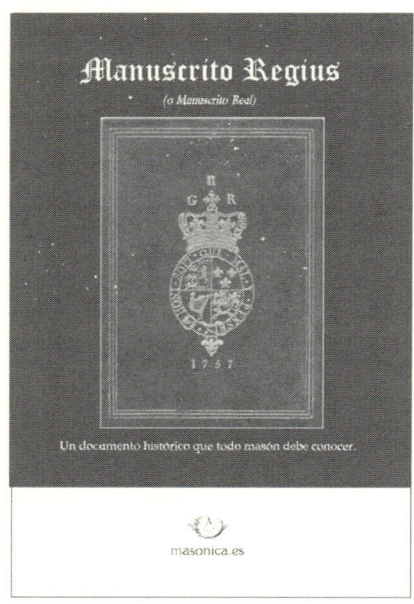

Edición impresa
Título: Manuscrito Regius
Colección: Serie Azul
1ª edición, 2009
ISBN: 978-84-936941-3-5
Depósito Legal: SE-3861-2009
Páginas: 68
Medidas: 210 x 140 mm
Encuadernación: tapa blanda
PVP: 9 €

Edición pdf
1ª edición, 2009 (PDF)
ISBN: 978-84-937565-0-5
Páginas: 68
Tamaño: 1.014 Kb
PVP: 6 €

MANUSCRITO REGIUS (O MANUSCRITO REAL)

Con un texto formado por 794 versos escritos en inglés antiguo con rima en pareado, el Manuscrito Regius fue publicado en 1840 y 1844 por James O. Halliwell, motivo por el que se conoce también como Manuscrito Halliwell. Posteriormente fue publicado también por H. J. Whymper en 1889 y por la «Quatuor Coronati Lodge» en 1889. Aunque gracias a las investigaciones llevadas a cabo por el Museo Británico de Londres se sabe que data de 1390, la primera constatación real de su existencia no se encuentra hasta 1670, cuando aparece citado en el inventario de la biblioteca de un tal John Theyer, quien parece haberlo vendido en 1678 a otra persona llamada Robert Scott. Después pasó a ser propiedad de la Biblioteca Real británica, circunstancia por la que se conoce el documento como Manuscrito Real («Regius»).

En 1757, el rey Jorge II lo dona al Museo Británico, en donde permanece hoy en día. El Manuscrito Regius encierra en forma poética el saber iniciático de la Masonería medieval cristiana a través de una serie de normas que habrían de regir en el oficio de los constructores.

Edición impresa
Título: Manuscrito Cooke
Colección: Serie Azul
1ª edición, 2009
ISBN: 978-84-936941-4-2
Depósito Legal: AS-1520-2009
Páginas: 68
Medidas: 210 x 140 mm
Encuadernación: tapa blanda
PVP: 9 €

Edición pdf
1ª edición, 2009 (PDF)
ISBN: 978-84-937392-5-6
Páginas: 68
Tamaño: 1.076 Kb
PVP: 6 €

MANUSCRITO COOKE

Con un texto formado por 794 versos escritos en inglés antiguo con rima en pareado, el Manuscrito Regius fue publicado en 1840 y 1844 por James O. Halliwell, motivo por el que se conoce también como Manuscrito Halliwell. Posteriormente fue publicado también por H. J. Whymper en 1889 y por la «Quatuor Coronati Lodge» en 1889.

Aunque gracias a las investigaciones llevadas a cabo por el Museo Británico de Londres se sabe que data de 1390, la primera constatación real de su existencia no se encuentra hasta 1670, cuando aparece citado en el inventario de la biblioteca de un tal John Theyer, quien parece haberlo vendido en 1678 a otra persona llamada Robert Scott.

Después pasó a ser propiedad de la Biblioteca Real británica, circunstancia por la que se conoce el documento como Manuscrito Real («Regius»). En 1757, el rey Jorge II lo dona al Museo Británico, en donde permanece hoy en día. El Manuscrito Regius encierra en forma poética el saber iniciático de la Masonería medieval cristiana a través de una serie de normas que habrían de regir en el oficio de los constructores.

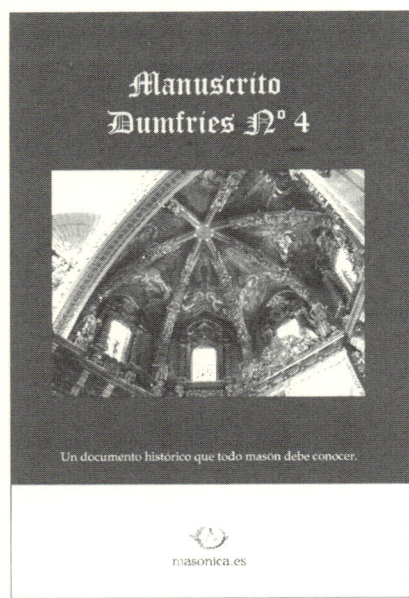

Edición impresa
Título: Manuscrito Dumfries Nº 4
Colección: Serie Azul
1ª edición, 2009
ISBN: 978-84-936941-5-9
Depósito Legal: SE-3863-2009
Páginas: 72
Medidas: 210 x 140 mm
Encuadernación: tapa blanda
PVP: 9 €

Edición pdf
1ª edición, 2009 (PDF)
ISBN: 978-84-937392-6-3
Páginas: 72
Tamaño: 1.231 Kb
PVP: 6 €

MANUSCRITO DUMFRIES Nº 4

El Manuscrito Dumfries Nº 4 es el documento de los conocidos como Old Charges (Antiguos Deberes) más extenso que se conoce. Probablemente fue redactado en 1710, aunque no es totalmente seguro. En cualquier caso, pocos años antes de la conversión a la «Masonería especulativa» que tuvo lugar con la constitución de la Gran Logia de Londres (y más tarde Gran Logia de Inglaterra) en 1717.

No obstante, el documento no fue publicado por primera vez hasta 1963 por Harry Carr en The Early Masonic Catechisms. El cuerpo de este amplio manuscrito contiene en primer lugar una «Leyenda del Oficio» con gran cantidad de datos históricos, una serie de preguntas rituales para los masones y, por último, el blasón de la Orden. De todos los textos que forman los Old Charges, el Manuscrito Dumfries Nº 4 es el único que hace referencia expresa a la obligación de pertenecer a la Iglesia Católica para poder ser masón.

Edición impresa
Autor: Manuel Rodríguez Castillejos
Título: Los Ritos Masónicos
Colección: Serie Verde (Libros prácticos)
1ª edición, 2009
ISBN: 978-84-937565-3-6
Depósito Legal: SE-6482-2009
Páginas: 270
Medidas: 210 x 140 mm
Encuadernación: tapa blanda
PVP: 17 €

Edición pdf
1ª edición, 2009 (PDF)
ISBN: 978-84-937565-4-3
Páginas: 270
Tamaño: 4.640 Kb
PVP: 10 €

LOS RITOS MASÓNICOS

MANUEL RODRÍGUEZ CASTILLEJOS

El concepto "ritual" en su forma llana, se refiere a una ceremonia o al conjunto de varias ceremonias propias de un grupo humano específico. El "rito" en su concepción sociológica, se refiere a la transmisión de un "mito" y éste último alude a una narración que traslada al hombre común y contemporáneo, hasta los tiempos primigenios.

Los primeros "mitos" fueron en esencia, cosmogónicos y antropogénicos. Más adelante se fueron especializando en tradiciones espirituales particulares, que incluían variaciones en la interpretación filosófica, rutina social y cultural, que refrendaban la aceptación en toda su vastedad gregaria. El "mito" nos describe momentos y personajes trascendentes y el "rito" nos ayuda a recordarlos, emulando tal trascendencia en la forma tan pura posible como sus fundadores la concibieron...

Índice

Edición impresa
Autor: Pepe Iglesias
Título: La Cocina Masónica
Colección: Serie Verde (Libros prácticos)
1ª edición, 2009
ISBN: 978-84-937078-6-6
Depósito Legal: SE-3199-2009
Páginas: 480
Medidas: 210 x 140 mm
Encuadernación: tapa blanda
PVP: 24 €

Edición pdf
1ª edición, 2009 (PDF)
ISBN: 978-84-937392-2-5
Páginas: 480
Tamaño: 2.892 Kb
PVP: 10 €

LA COCINA MASÓNICA

PEPE IGLESIAS

Historia de la masonería, la alimentación según las religiones, las cocinas oriental, sefardí, mozárabe, india, persa, griega, del Camino de Santiago, hispanoamericana...

Los ágapes, los brindis, el cenáculo, la mesa: montaje y protocolo, el ayuno.

Las bebidas y libaciones, el sacrificio de los animales, recolección de vegetales, la alimentación energética, los alimentos sagrados, alimentos para el espíritu, la simbología de los alimentos...

La cocina ritual, la transmisión del cocinero, las instalaciones, el menaje, tipos de cocción, formas de presentación...

Recetario masónico: entradas, pescados, carnes, postres, libaciones...

Menús masónicos (según el tipo de ceremonia)...

En palabras de su autor...

...para los masones nada pasa inadvertido y, aunque el mundo exterior vulgarice algo tan profundo como es la alimentación, nosotros que hemos heredado el conocimiento antiguo a través de nuestros antepasados a lo largo de miles de años, tenemos la obligación de mantener viva la llama de esa luz que nos muestra la belleza de tantas cosas que nos rodean diariamente, y que los ojos profanos no pueden ver aunque pasen una y otra vez delante de ellas. El misterio alquímico de la transmutación de los granos de trigo y de la vid en pan y en vino, el estado superior de consciencia alcanzado a través del ayuno previo a una 'tenida', las influencias positivas o negativas que pueden ejercer sobre nuestros cuerpos físicos y astrales las distintas corrientes telúricas, cromáticas o auditivas concordantes en el cenáculo, el beneficio energético que supone ingerir un producto recolectado y servido adecuadamente, la trascendencia de un pasado histórico que pesa como una losa sobre un producto sagrado o maldito, cómo preparar un guiso para que realce toda la grandeza que contiene en su interior, etc. todo esto y muchas más cosas son las que vamos a estudiar en este trabajo.

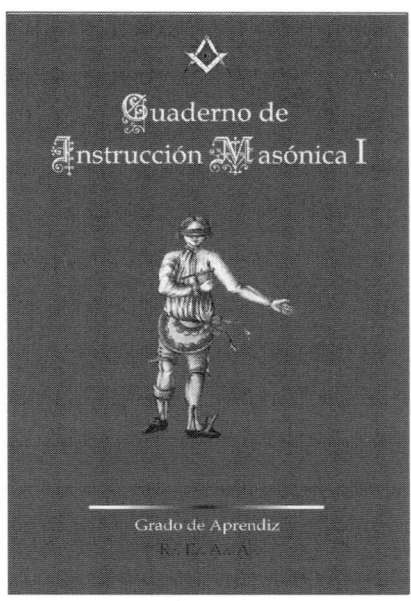

Edición impresa
Título: Cuaderno de Instrucción Masónica I
Colección: Serie Verde (Libros prácticos)
1ª edición, 2009
Páginas: 106
Medidas: 148 x 105 mm
Encuadernación: tapa blanda
PVP: 9 €

Edición pdf
1ª edición, 2009 (PDF)
Páginas: 106
Tamaño: 474 Kb
PVP: 9 €

CUADERNO DE INSTRUCCIÓN MASÓNICA I

Instrucción ritualística del Grado de Aprendiz y Cuestionario del Grado de Aprendiz

Índice

Edición impresa
Título: Catecismo Masónico de Instrucción
Grado de Aprendiz (Rito Emulación)
Colección: Serie Verde (Libros prácticos)
1ª edición, 2009
ISBN: 978-84-937565-5-0
Depósito Legal: SE- 6650-2009
Páginas: 130
Medidas: 170 x 110 mm
Encuadernación: tapa blanda
PVP: 10 €

Edición pdf
1ª edición, 2009 (PDF)
Páginas: 130
ISBN: 978-84-937565-6-7
Tamaño: 474 Kb
PVP: 9 €

CATECISMO MASÓNICO DE INSTRUCCIÓN
GRADO DE APRENDIZ (RITO EMULACIÓN)

Documento de instrucción masónica con el clásico formato de catecismo para el Grado de Aprendiz del Rito Emulación.

El texto está compuesto por siete secciones estructuradas en preguntas y respuestas de aplicación práctica en Tenida que abordan los aspectos formativos imprescindibles del Primer Grado.

¡Obra de enorme interés masónico tanto como lectura particular como puesta en escena en la Logia!

Edición impresa

Autores: Johann Wolfgang von Goethe, Rudyard Kipling, Rubén Darío y Oscar Wilde
Título: Antología de Poetas Masones
Colección: Serie Amarilla (Literatura)
1ª edición, 2008
ISBN: 978-84-936941-9-7
Depósito Legal: SE-3879-2009
Páginas: 198
Medidas: 210 x 140 mm
Encuadernación: tapa blanda
PVP: 15 €

Edición pdf

1ª edición, 2009 (PDF)
ISBN: 978-84-937078-9-7
Páginas: 198
Tamaño: 1.387 Kb
PVP: 8 €

ANTOLOGÍA DE POETAS MASONES

JOHANN WOLFGANG VON GOETHE, RUDYARD KIPLING, RUBÉN DARÍO Y OSCAR WILDE

Masones de todos los tiempos han escrito poemas de una enorme fuerza y emotividad impregnados de la esencia del pensamiento masónico. Sin la necesidad de armar difíciles construcciones con el simbolismo de la Masonería, de sus herramientas, de sus iconos, han conseguido plasmar a base de palabra en verso las convicciones e ideales masónicos más característicos. ¿Qué masón no reconocería como propio el impactante mensaje moral y moralizante del «Si» de Kipling o la sabia humildad de las palabras que el poeta José Martí nos dejó con su «Yo soy un hombre sincero»? En reconocimiento al valiosísimo trabajo ético y poético legado por tantos masones a la humanidad, la presente obra reúne en un contexto masónico un compendio antológico de sus versos más representativos.

———

Índice

Edición impresa
 Autor: Anselmo Vega Junquera
 Título: El Muro de Piedra
 Colección: Serie Amarilla (Literatura)
 1ª edición, 2009
 ISBN: 978-84-937078-0-4
 Depósito Legal: AS-1526-2009
 Páginas: 228
 Medidas: 210 x 140 mm
 Encuadernación: tapa blanda
 PVP: 15 €

Edición pdf
 1ª edición, 2009 (PDF)
 ISBN: 978-84-937078-1-1
 Páginas: 228
 Tamaño: 2.557 Kb
 PVP: 10 €

EL MURO DE PIEDRA
ANSELMO VEGA JUNQUERA

24 de junio de 1717, día de San Juan el Bautista

Un grupo de hombres se reúne en la taberna londinense «The Goose and The Gridiron». Son los representantes de cuatro logias de Londres que ven preocupados cómo se acerca el final de sus días trabajando en el Sagrado Arte de la Construcción. Sin embargo, lejos de ser el fin de una era, aquel día fue el primero de un proyecto de proporciones inimaginables en aquellos momentos: la Francmasonería. Ésta es la historia de sus primeros pasos. El momento en que un grupo de hombres decidieron cambiar sus herramientas manuales por las herramientas de la razón y el sentido.

¡La apasionante historia de los últimos constructores!

Edición impresa
Autor: Anselmo Vega Junquera
Título: Los masones de San Blas
Colección: Serie Amarilla (Literatura)
1ª edición, 2009
ISBN: 978-84-937565-1-2
Depósito Legal:
Páginas: 192
Medidas: 210 x 140 mm
Encuadernación: tapa blanda
PVP: 15 €

Edición pdf
1ª edición, 2009 (PDF)
ISBN: 978-84-937565-2-9
Páginas: 192
Tamaño: 1.348 Kb
PVP: 10 €

LOS MASONES DE SAN BLAS

ANSELMO VEGA JUNQUERA

Una historia bellamente novelada del primer intento de instaurar una República en España. Lo que se conoció como «Conspiración de San Blas».

En este libro, *Los masones de San Blas*, se recrea de forma novelada la actuación histórica, apenas conocida, de un grupo reducido de hombres que, a título particular, quisieron establecer una primera República en España en el año de 1796, lo que se ha llamado la «Conspiración de San Blas».

Abortada por Godoy, el Rey Carlos IV que en un principio los condenó a muerte, sustituyó esta sentencia por la de cadena perpetua en las mazmorras de los territorios españoles en el Caribe, de donde se escaparon para hacer realidad su ideal, interviniendo como pioneros y de forma activa en la Independencia de Venezuela.

El autor ha hecho una exhaustiva investigación, tanto en Madrid como en Caracas, para ofrecernos esta narración que sin duda cautivará el interés de los lectores.

EN PREPARACIÓN

Edición impresa
Autor: Ignacio Méndez-Trelles
Título: Libro de estilo masónico
Colección: Serie Verde (Libros prácticos)
1ª edición, 2010

Medidas: 210 x 140 mm
Encuadernación: tapa blanda

Edición pdf
1ª edición, 2010 (PDF)

LIBRO DE ESTILO MASÓNICO
IGNACIO MÉNDEZ-TRELLES

ÍNDICE

1. Ortotipografía masónica
2. *Netiqueta* masónica
3. Simbología masónica
4. En la Logia
5. Glosario masónico fundamental
6. Prontuario masónico
7. Ritos masónicos
8. Masones célebres
9. Coordenadas masónicas
10. Bibliografía masónica

EN PREPARACIÓN

Edición impresa

Rito Francés Moderno
Régulateur du Maçon 1801
Primer Grado Simbólico

Colección: Serie Blanca (Rituales)
1ª edición, 2009
Medidas: 180 x 120 mm
Encuadernación: tapa blanda

(No existe edición digital)

Edición traducida y comentada por el Circulo de Estudios de RF «Roëttiers de Montaleau»

RITO FRANCÉS
Primer Grado Simbólico

El Rito Francés carecía hasta ahora de una traducción al castellano, más allá de las traducciones propias que han efectuado, o manejan las Obediencias y logias para su propio consumo.

Conscientes de tal carencia que además imbuye a estudiosos y ritualistas, y queriendo subsanar de paso algunos errores de bulto que se han producido en algunos rituales de Rito Francés, sobremanera los que proviene del mundo latino-americano, donde se han constatado intromisiones de otros ritos, es el motivo por el cual el Circulo de Estudios de Rito Francés Roëttiers de Montaleau, se han planteado dar a conocer al mundo de habla castellana una obra básica de la cual parte casi toda la familia ritualística del Rito Francés *El Regulateur de 1801*.

Obra que en Francia ha sido ampliamente tratada y comentada, y que en España solo se conoce de referencia, de ahí que el Círculo de Estudios de Rito Francés Roëttiers de Montaleau se haya propuesto poner a disposición de todo aquél que lo precise esta obra, que incluye un trabajo de introducción de Ludovic Marcos, y los comentarios y notas precisas que ha ido incorporando el equipo de traducción y trabajo sobre Rito Francés del citado Centro de Estudios.

EN PREPARACIÓN

Edición impresa

Rito Francés Moderno
Régulateur du Maçon 1801
Trabajos de Banquete

Colección: Serie Blanca (Rituales)
1ª edición, 2009
Medidas: 180 x 120 mm
Encuadernación: tapa blanda

(No existe edición digital)

Edición traducida y comentada por el
Círculo de Estudios de RF
«Roëttiers de Montaleau»

RITO FRANCÉS
Trabajos de Banquete

Los trabajos de Mesa, los Banquetes de Orden, los Ágapes, son rituales complementarios al quehacer masónico fuera de la logia, y si bien contaban con interesantes rituales en el Rito Escocés Antiguo y Aceptado (REAA), por su parte el Rito Francés carecía en el mundo de habla castellana de un ritual que permitiera poner de forma adecuada al servicio de todos los interesados los rituales de masticación.

Es este caso como complemento al ritual de 1º Grado Rito Francés, el Círculo de Estudios de Rito Francés Roëttiers de Montaleau ha pensado que sería bueno contar con un ritual de este tipo, de cara a ir cerrando el círculo de expectativas que se están creando con respecto al Rito Francés, de este modo se cerraría todo un capítulo de necesidades que se denotan en cuanto a este desconocido rito.

Un excelente trabajo de traducción con numerosas notas al margen que a buen seguro que posibilitarán un buen ejercicio ritual en los trabajos de masticación.

Papeles de Masonería I
Centro Ibérico de Estudios Masónicos
(CIEM)
Edición 2007
Depósito Legal: B-32.844-2007
Páginas: 74 - *MEDIDAS: 210 x 150 MM*
ENCUADERNACIÓN: TAPA BLANDA
PVP: 12 €

SUMARIO

Introducción

La Masonería en España – breve repaso histórico (Pablo Bahillo)

Apuntes sobre la masonería femenina en España (Soledad M.)

De la iniciación en una Orden iniciática (Michel Basuyaux)

Construirse mediante el simbolismo masónico (Alain Pozarnik)

Trifuncionalidad indoeuropea y estructura masónica (Roger Bonifassi)

La Masonería adogmática en los Estados Unidos (Jean-Louis Portaix)

El Nombre Simbólico en la Francmasonería (Joan Palmarola)

La historia de los canteros de Villamayor de Armuña (Manuel Victorio)

Franco contra los masones (Sección de libros)

Al empezar su andadura, a mediados de 2005, el Centro Ibérico de Estudios Masónicos (CIEM) adquirió el compromiso de publicar periódicamente compendios de estudios, informes y artículos relacionados con la historia y el desarrollo de nuestra Orden. Este proyecto se materializó hace unos meses, mediante la creación de la revista anual Papeles de Masonería.

En este primer número de Papeles, Pablo Bahillo, vicepresidente del CIEM, hace un breve repaso histórico de la Masonería en España. Nuestra colaboradora Soledad M. escribe sobre la situación de la francmasonería femenina en la Península Ibérica, mientras que Michel Basuyaux, miembro del Supremo Consejo de Francia, reflexiona sobre las características de la iniciación masónica en el Rito Escocés Antiguo y Aceptado (R.E.A.A.) Alain Pozarnik, Pasado Gran Maestro de la Gran Logia de Francia (GLDF) y Roger Bonifassi estudian, desde puntos de vista distintos, aunque complementarios, la problemática del simbolismo iniciático y los paralelismos con el lenguaje profano y la tradición del simbolismo indoeuropeo.

Jean-Louis Portaix, antiguo Venerable Maestro de una de las pocas logias europeas que trabaja en la capital de los Estados Unidos, analiza la difícil relación entre la masonería adogmática y los Talleres "regulares" pertenecientes a las Grandes Logias norteamericanas. Joan Palmarola, ex presidente de varias logias de perfección del R.E.A.A. y asiduo colaborador del CIEM, escribe sobre la utilización del nombre simbólico en la masonería española y europea. Por último, aunque no menos importante, el trabajo del historiador Manuel Victorio sobre los canteros de Villamayor de Armuña (Salamanca), esboza las coincidencias entre la masonería operativa y la especulativa.

Papeles de Masonería II
Centro Ibérico de Estudios Masónicos
(CIEM)
Edición 2008
ISSN: 1887-9128
Depósito Legal: B-45.501-2008
Páginas: 72 - *MEDIDAS: 210 X 150 MM*
ENCUADERNACIÓN: TAPA BLANDA
PVP: 12 €

SUMARIO

Introducción

El simbolismo de los ritos masónicos (Javier Otaola)

El Rito Escocés Antiguo y Aceptado (Claude Viguier)

El Rito inglés de Emulación (Irène Mainguy)

Origen, naturaleza y fuerza de dos grandes ritos (Pablo Bahillo)

El Rito de York (Manuel Victorio)

El Rito de York y el REAA (León Zeldis)

Reflexiones sobre el Rito Francés (Ludovic Marcos)

El Régimen Escocés Rectificado (Ramón Martí)

Los Ritos egipcios (Jonás B. Marín)

Mujeres masonas en España (Sección de libros)

Entre las preguntas más frecuentes dirigidas al equipo de investigadores de CIEM, destacamos las relativas a la evolución histórica de los métodos iniciáticos y de la ritualística masónica. Por este motivo, el Comité de redacción de Papeles de Masonería ha decidido dedicar el segundo número de la revista a los principales ritos practicados por las Grandes Logias españolas e iberoamericanas.

Esta edición de Papeles se abre con una reflexión sobre el simbolismo de los ritos masónicos elaborada por Javier Otaola, pasado Gran Maestro de la Gran Logia Simbólica Española, un jurista que ha sabido compaginar sus actividades profesionales con el amor a la literatura.

Claude Viguier, miembro del Supremo Consejo de Francia, hace un repaso del Rito Escocés Antiguo y Aceptado (REAA), mientras que la afamada historiadora gala Irène Mainguy escribe sobre las características del Rito Inglés de Emulación (RE). Pablo Bahillo, vicepresidente del CIEM, realiza un estudio comparativo sobre el origen, la naturaleza y la fuerza de estos dos grandes ritos.

El historiador y experto en hermetismo Manuel Victorio escribe sobre el Rito de York (RY). León Zeldis, pasado Gran Maestro de la Gran Logia de Israel, analiza con detenimiento las diferencias entre los Ritos de York y Escocés Antiguo y Aceptado. (REAA).

Ludovic Marcos, uno de los mayores eruditos del Rito Francés (RF), reflexiona sobre la evolución de este método masónico. A su vez, Ramón Martí, Gran Prior del Priorato de Hispania, nos ilustra sobre el Régimen Escocés Rectificado (RER).

Por último, Jonás B. Marín pasa revista a la evolución del Rito de Memphis-Misraïm (RMM) y su relación con el desarrollo histórico de la masonería española.

Papeles de Masonería III
Centro Ibérico de Estudios Masónicos
(CIEM)
Edición 2009
ISSN: 1887-9128
Depósito Legal: B-45.501-2008
Páginas: 72 - *Medidas: 210 x 150 mm*
Encuadernación: tapa blanda
PVP: 12 €

SUMARIO

Al abordar el controvertido tema del exilio masónico, tropezamos invariablemente con la tríada *Totalitarismo – Represión – Expulsión*. En su edición actual, **Papeles** trata de estudiar este fenómeno.

Alain Pozarnik, Pasado Gran Maestre de la Gran Logia de Francia, analiza el exilio interno del ser humano y sugiere que la práctica masónica nos permite salir de él.

El Presidente del CIEM, Adrián Mac Liman, hace una primera evaluación del exilio masónico español, tanto en Europa como en los países de América Latina. A su vez, el director del Museo Masónico portugués, António Lopes, esboza el panorama de la masonería lusa en los años de la dictadura.

León Zeldis, Pasado Soberano Gran Comendador del Supremo Consejo de Israel, nos acerca a las dramáticas circunstancias que acompañaron la creación de la Gran Logia Simbólica de Alemania en el exilio.

Natalie Bayer, historiadora de origen ruso afincada en los Estados Unidos, nos presenta un exhaustivo cuadro de la accidentada historia de la Orden en Rusia, tal vez uno de los mejores ejemplos de la conjunción de totalitarismos de todo signo.

Horia Nestorescu-Bălcesti, director del Centro Nacional Rumano de Estudios de la Masonería, aporta un testimonio de primera mano sobre los años negros de la masonería rumana, una de las más cosmopolitas y más dinámicas de Europa oriental.

La colaboración de Ramón Canifrú, Gran Oficial de la Gran Oriente Latino-Americano (GOLA), gira alrededor del exilio masónico latinoamericano en Europa.

Por último, es el artículo del Profesor Ricardo Serna nos ilustra sobre los entresijos de la historia de la Orden en los últimos siglos, haciendo especial hincapié en las conflictivas relaciones entre la Iglesia Católica y la Masonería.